# Uma investigação sobre o entendimento humano

**Dados Internacionais de Catalogação na Publicação (CIP)**
**(Câmara Brasileira do Livro, SP, Brasil)**

Hume, David, 1711-1776
  Uma investigação sobre o entendimento humano / David Hume ; tradução de Caesar Souza. – Petrópolis, RJ : Vozes, 2022. – (Vozes de Bolso)

  Título original : An enquiry concerning human understanding.
  ISBN 978-65-5713-686-7

  1. Filosofia inglesa  2. Teoria do conhecimento  I. Souza, Caesar.  II. Título.  III. Série.

22-112353                                               CDD-192

Índices para catálogo sistemático:
1. Filosofia inglesa  192

Eliete Marques da Silva – Bibliotecária – CRB-8/9380

# David Hume

# Uma investigação sobre o entendimento humano

Tradução de Caesar Souza

*Vozes de Bolso*

Tradução realizada a partir do original em inglês intitulado
*An enquiry concerning human understanding*

© desta tradução:
2022, Editora Vozes Ltda.
Rua Frei Luís, 100
25689-900 Petrópolis, RJ
www.vozes.com.br
Brasil

Todos os direitos reservados. Nenhuma parte desta obra poderá
ser reproduzida ou transmitida por qualquer forma e/ou quaisquer
meios (eletrônico ou mecânico, incluindo fotocópia e gravação)
ou arquivada em qualquer sistema ou banco de dados
sem permissão escrita da editora.

**CONSELHO EDITORIAL**

**Diretor**
Gilberto Gonçalves Garcia

**Editores**
Aline dos Santos Carneiro
Edrian Josué Pasini
Marilac Loraine Oleniki
Welder Lancieri Marchini

**Conselheiros**
Francisco Morás
Ludovico Garmus
Teobaldo Heidemann
Volney J. Berkenbrock

**Secretário executivo**
Leonardo A.R.T. dos Santos

*Diagramação*: Daniela Alessandra Eid
*Revisão gráfica*: Nilton Braz da Rocha
*Capa*: Ygor Moretti

ISBN 978-65-5713-686-7

Este livro foi composto e impresso pela Editora Vozes Ltda.

# Sumário

Seção I – Das diferentes espécies de filosofia, 7

Seção II – Da origem das ideias, 20

Seção III – Da associação de ideias, 26

Seção IV – Dúvidas céticas sobre as operações do entendimento, 28

Seção V – Solução cética dessas dúvidas, 45

Seção VI – Da probabilidade, 60

Seção VII – Da ideia de conexão necessária, 64

Seção VIII – Da liberdade e necessidade, 83

Seção IX – Da razão dos animais, 108

Seção X – Dos milagres, 112

Seção XI – De uma providência particular e de um estado futuro, 135

Seção XII – Da filosofia acadêmica ou cética, 153

*Índice onomástico*, 171

*Notas*, 175

# Seção I
# Das diferentes espécies de filosofia

A filosofia moral, ou a ciência da natureza humana, pode ser tratada de dois modos diferentes, cada um com seu mérito peculiar, e pode contribuir para o entretenimento, instrução e reforma da humanidade. Um deles nos considera como nascidos, principalmente, para a ação e como influenciados em nossas iniciativas pelo gosto e pelo sentimento, buscando um objeto e evitando outro, conforme o valor que esses objetos parecem possuir e a luz sob a qual se apresentam. Como a virtude, de todos os objetos, é considerada a mais valiosa, os filósofos desse tipo de filosofia a pintam com as cores mais amigáveis, emprestando toda ajuda da poesia e eloquência, e tratando seu tema de um modo fácil e óbvio, que é o mais apto para agradar a imaginação e para envolver as afeições. Eles selecionam as observações e exemplos mais surpreendentes da vida comum, contrastam, apropriadamente, personagens opostos, e, atraindo-nos para os caminhos da virtude pelas visões da glória e da felicidade, dirigem nossos passos nesses caminhos pelos preceitos mais sólidos e pelos exemplos mais ilustres. Fazem-nos *sentir* a diferença entre vício e virtude, excitam e regulam nossos sentimentos; e, assim, podem inclinar inteiramente nossos corações para o amor à probidade e à honra verdadeira, pensando, com isso, que atingiram completamente o fim de todos os seus esforços.

2     O outro tipo de filósofos nos considera como entes racionais em vez de ativos, que se esforçam para formar seu entendimento mais do que para cultivar seus modos. Eles consideram a natureza humana como um tema de especulação, e a examinam meticulosamente, a fim de encontrar aqueles princípios que regulam nosso entendimento, excitam nossas percepções e nos levam a aprovar ou censurar qualquer objeto, ação ou comportamento particular. Eles acham uma afronta a toda literatura que a filosofia ainda não tenha determinado, de forma indiscutível, o fundamento da moral, do pensamento e da crítica, e permaneça para sempre falando de verdade e falsidade, vício e virtude, beleza e deformidade, sem ser capaz de determinar a fonte dessas distinções. Enquanto empreendem essa árdua tarefa não são detidos por quaisquer dificuldades, mas, partindo de exemplos particulares para princípios gerais, ainda prosseguem em suas investigações para princípios mais gerais, e não se contentam até chegarem àqueles princípios originais, pelos quais, em cada ciência, toda curiosidade humana deve ser delimitada. Embora suas especulações pareçam abstratas e mesmo ininteligíveis para os leitores comuns, eles visam à aprovação dos instruídos e sábios, e se consideram suficientemente compensados pelo esforço de suas vidas inteiras, caso possam descobrir algumas verdades ocultas que venham a contribuir para a instrução da posteridade.

3     É certo que, para a maioria das pessoas, a filosofia fácil e óbvia será sempre preferível à acurada e abstrusa, e muitos a recomendarão, não somente como mais agradável, mas como mais útil que a outra. Ela entra mais na vida comum, molda o coração e as afeições, e, ao tocar aqueles princípios que

nos movem, reforma nossa conduta e nos aproxima mais daquele modelo de perfeição que descreve. Ao contrário, a filosofia abstrusa, porque se funda em um modo de pensar que não pode entrar em assuntos práticos, desaparece quando os filósofos saem da sombra para a luz do dia. Seus princípios não podem exercer facilmente qualquer influência sobre nossa conduta e comportamento. Os sentimentos de nosso coração, a agitação de nossas paixões, a veemência de nossas afeições dissipam todas as suas conclusões, e reduzem filósofos profundos a meros plebeus.

Devemos confessar também que a fama mais durável e mais justa foi adquirida pela filosofia fácil, e que pensadores abstratos parecem ter até agora desfrutado uma reputação apenas momentânea, devido ao capricho ou à ignorância de sua época, mas não foram capazes de sustentar sua fama com uma posteridade mais imparcial. É fácil para filósofos profundos cometerem erros em seus argumentos sutis, e um erro é o antecedente necessário de outro, enquanto avançam em suas consequências e não são impedidos de adotar qualquer conclusão, por sua aparência inusual ou por contradizer a opinião popular. Mas se filósofos que se propõem apenas a representar o senso comum da humanidade em cores mais belas e atraentes, acidentalmente, incorrem em erro, não vão adiante; mas, renovando seu apelo ao senso comum e às percepções naturais da mente, retornam ao caminho correto e se protegem de quaisquer ilusões perigosas. A fama de Cícero floresce no presente; mas a de Aristóteles está completamente decadente. La Bruyere cruza os mares e ainda mantém sua reputação. Mas a glória de Malebranche está confinada à sua própria nação e à sua própria época. E Addison, talvez, seja ainda lido com prazer quando Locke já estiver inteiramente esquecido.

Os meros filósofos são personagens que são comumente, ainda que pouco, aceitáveis no mundo, e deles não se espera que contribuam em coisa alguma para o benefício ou o prazer da sociedade, uma vez que vivem sua vida distantes da comunicação com as pessoas e envoltos em princípios e noções igualmente distantes de sua compreensão. Por outro lado, os meros ignorantes são ainda mais desprezados. Nada é considerado um sinal mais claro de um gênio preconceituoso, em uma época e em uma nação onde as ciências florescem, do que ser inteiramente destituído de todo gosto por esses nobres entretenimentos. O caráter mais perfeito deve se encontrar entre esses extremos; retendo igual habilidade e gosto por livros, companhia e assuntos práticos; preservando na conversação esse discernimento e essa delicadeza que surgem da cultura literária; e, nos assuntos práticos, aquela probidade e acurácia que são o resultado natural de uma filosofia apropriada. A fim de difundir e cultivar um caráter tão virtuoso, nada pode ser mais útil do que combinações de modo e estilo fáceis, que não extraem muito da vida, não requerem aplicação ou reclusão profundas para serem compreendidos e devolvem os estudiosos à humanidade, cheios de sentimentos nobres e preceitos sábios, aplicáveis a cada exigência da vida humana. Por meio dessas combinações, a virtude se torna amigável; a ciência, agradável; a companhia, instrutiva; e a reclusão, entretenimento.

Somos entes racionais; e, como tais, recebemos da ciência nosso alimento e nutrição apropriados. Mas tão estreitos são os limites do entendimento humano que pouca satisfação podemos esperar em relação a essa particularidade, seja da extensão ou da segurança de nossas aquisições. Somos entes tão sociais quanto racionais, mas nem sempre podemos desfrutar de companhia agradável e divertida, ou preservar a estima própria por ela. Somos também entes ativos, e por essa disposição, assim como pelas várias necessidades da vida humana, devemos nos submeter a questões práticas. Mas a mente exige algum relaxamento, e nem sempre pode manter sua inclinação para cuidados e iniciativa. Parece, portanto, que a natureza designou um tipo de vida misto como o mais adequado à humanidade, e secretamente nos advertiu para que não permitíssemos que quaisquer dessas tendências *progredissem* demais, de modo a nos incapacitar para outras ocupações e entretenimentos. Entreguem-se à sua paixão pela ciência, diz ela, mas deixem que sua ciência seja humana, e como tal tenha uma referência direta à ação e à sociedade. Proíbo o pensamento abstruso e pesquisas profundas, e os punirei severamente com a melancolia reflexiva que eles introduzem, com a incerteza sem fim na qual envolvem vocês, e com a recepção fria que suas pretensas descobertas encontrarão quando comunicadas. Sejam filósofos, mas, em meio a toda sua filosofia, sejam ainda humanos.

Caso a maioria das pessoas se contentasse em preferir a filosofia fácil à abstrata e profunda, sem jogar qualquer culpa ou desprezo na última, poderia não ser impróprio, talvez, concordar com essa opinião geral, e permitir que cada pessoa desfrutasse, sem oposição, seu próprio gosto e sentimento. Mas, como a questão é muitas vezes levada mais longe, inclusive à absoluta rejeição de todos às reflexões profundas ou ao que é comumente chamado *metafísica*, devemos, agora, passar a considerar o que pode razoavelmente ser argumentado em seu favor.

Podemos começar observando que uma vantagem considerável que resulta da filosofia acurada e abstrata é sua subserviência ao fácil e humano, que, sem ela, nunca pode obter um grau de exatidão suficiente em suas percepções, preceitos ou reflexões. Toda a cultura literária nada é senão imagens da vida humana em várias atitudes e situações, e nos inspira com diferentes sentimentos de enaltecimento ou culpa, admiração ou ridículo, de acordo com as qualidades do objeto que nos apresenta. Os artistas devem ser os mais bem qualificados para assumirem essa tarefa, pois, além de um gosto delicado e uma rápida apreensão, possuem um conhecimento acurado da estrutura interna, das operações do entendimento, do funcionamento das paixões, e dos vários tipos de sentimento que discriminam o vício da virtude. Por mais penosa que essa busca ou investigação interna possa parecer, torna-se, em alguma medida, requisito para aqueles que descreveriam com sucesso as aparências óbvias e externas da vida e dos costumes. Anatomistas apresentam aos olhos os objetos mais repulsivos e desagradáveis; mas sua ciência é útil para pintores ao delinearem inclusive uma Vênus ou uma Helena. Embora os últimos empreguem todas as cores mais ricas de sua arte, e deem às suas figuras os ares mais graciosos e atraentes, devem ainda conduzir sua atenção para a estrutura interna do corpo humano, para a posição dos músculos, para o tecido dos ossos, e para o uso e a figura de cada parte ou órgão. A acurácia é, em todo caso, vantajosa à beleza, e o pensamento justo, para o sentimento delicado. Em vão exaltaríamos um depreciando o outro.

Além disso, podemos observar, em cada arte ou profissão, mesmo aquelas que mais dizem respeito à vida ou à ação, que um espírito de acurácia, independentemente de como foi adquirido, leva todas o mais próximo da perfeição e as torna mais subservientes aos interesses da sociedade. E, embora filósofos possam viver distantes dos assuntos práticos, o talento da filosofia, se cuidadosamente cultivado por várias pessoas, deve gradualmente se difundir por toda sociedade e conferir uma exatidão similar a cada arte e vocação. Os políticos adquirirão maior presciência e sutileza ao subdividirem e equilibrarem o poder; os juristas, mais método e melhores princípios em sua argumentação; e os generais, mais regularidade em sua disciplina e mais cuidado em seus planos e operações. A estabilidade dos governos modernos e a acurácia da filosofia moderna melhoraram, e provavelmente ainda melhorarão, por gradações similares.

Mesmo que não houvesse vantagens a serem obtidas desses estudos, além da satisfação de uma curiosidade inocente, essa não deveria ser desprezada por ser um acesso àqueles poucos prazeres pouco seguros e inofensivos que são concedidos à humanidade. O caminho mais doce e inofensivo da vida passa pelas vias da ciência e do conhecimento; e uma pessoa que consiga remover quaisquer obstáculos desse caminho, ou abrir qualquer nova perspectiva, deve até aqui ser considerada uma benfeitora da humanidade. Embora essas pesquisas possam parecer penosas e fatigantes, algumas mentes – assim como ocorre com alguns corpos dotados de uma saúde vigorosa e rica que requer exercício severo – extraem prazer do que, para a maioria das pessoas, pode parecer oneroso e laborioso. A obscuridade, de fato, é penosa para a mente assim como para os olhos; mas tirar luz da obscuridade, por qualquer esforço que seja, tem de ser prazeroso e gratificante.

Mas essa obscuridade na filosofia profunda e abstrata é rejeitada não apenas como penosa e fatigante, mas como a fonte inevitável de incerteza e erro. Aqui, na verdade, reside a objeção mais justa e mais plausível contra uma parte considerável da metafísica: a de que não é propriamente uma ciência, mas surge ou de esforços infrutíferos da vaidade humana, que penetrariam em temas completamente inacessíveis ao entendimento, ou da astúcia de superstições populares, que, incapazes de se defender em bases justas, elaboram esses emaranhados para cobrir e proteger sua fraqueza. Afugentados do campo aberto, esses ladrões fogem para a floresta, e ficam de tocaia para invadir cada acesso desprotegido da mente e subjugá-la com temores e preconceitos religiosos. Os antagonistas mais robustos, caso baixem sua guarda por um momento, são oprimidos. E muitos, por covardia ou estupidez, abrem os portões para os inimigos, e os recebem voluntariamente com reverência e submissão como seus soberanos legais.

7     Mas é essa uma razão suficiente pela qual filósofos deveriam desistir dessas pesquisas e deixar a superstição na posse de seu refúgio? Não é adequado extrair uma conclusão oposta, e perceber a necessidade de levar a guerra para os esconderijos mais secretos dos inimigos? Em vão esperamos que essas pessoas, por frequente desapontamento, abandonem, por fim, essas ciências imaginárias e descubram a província adequada da razão humana. Pois muitas pessoas consideram que perpetuamente retomar esses tópicos é um interesse sensato demais. Além disso, veja, o motivo de desespero cego jamais pode ter lugar nas ciências, uma vez que, independentemente de quão malsucedidas tentativas anteriores possam ter se mostrado, ainda há espaço para a esperança de que dedicação, boa sorte ou sagacidade melhorada de gerações posteriores possam chegar a descobertas desconhecidas para épocas anteriores. Cada talento aventuroso ainda aceitará prontamente o prêmio árduo, e se encontrará estimulado, e não desencorajado, pelos fracassos de seus predecessores, embora espere que a glória de realizar uma iniciativa tão dura seja reservada apenas para si. O único método de libertar o conhecimento, de uma vez só, des-

sas questões abstrusas, é investigar seriamente a natureza do entendimento humano, e mostrar, a partir de uma análise exata de seus poderes e capacidades, que não é, de modo algum, adequado a tais temas distantes e abstrusos. Devemos nos submeter a essa fadiga a fim de vivermos tranquilos para sempre. E devemos cultivar a verdadeira metafísica com algum cuidado, a fim de destruir o falso e o adulterado. A indolência que, para algumas pessoas, garante uma proteção contra essa filosofia enganosa, é, para outras, sobrepujada pela curiosidade; e o desespero que, em alguns momentos, prevalece, pode dar lugar a esperanças e expectativas otimistas. Análise acurada e justa é o único remédio amplo, adequado a todas as pessoas e a todas as disposições, e é o único capaz de subverter aquela filosofia abstrusa e o jargão metafísico que, misturados com superstição popular, convertem-nos em um método impenetrável de pensadores descuidados, dando a isso o ar de ciência e sabedoria.

Além dessa vantagem de rejeitar, após investigação deliberada, a parte mais incerta e desagradável do conhecimento, há muitas vantagens positivas que resultam de um exame acurado dos poderes e das faculdades da natureza humana. Com relação às operações da mente, é notável que, mesmo que nos sejam intimamente presentes, sempre que se tornam o objeto de reflexão, parecem se envolver em obscuridade. Os olhos não conseguem encontrar prontamente aquelas linhas e limites que as discriminam e distinguem. Os objetos são sutis demais para permanecer durante muito tempo com o mesmo aspecto ou na mesma situação, e devem ser apreendidos num instante, por uma perspicácia superior, derivada da natureza e melhorada pelo hábito e pela reflexão. Portanto, torna-se uma parte não desconsiderável da ciência conhecer minimamente as operações da mente, separá-las umas das outras, classificá-las sob suas rubricas próprias, e corrigir toda aquela desordem aparente na qual se encontram envolvidas quando se tornaram o objeto de reflexão e investigação. Essa tarefa de ordenar e distinguir os objetos de nossos sentidos – que não tem mérito quando realizada com relação a corpos externos – aumenta seu valor quando dirigida às operações da mente, em proporção à dificuldade e ao trabalho que encontramos ao realizá-la. E, se não podemos ir além dessa geografia mental, ou delineação das partes e poderes distintos da mente, é ao menos uma satisfação chegar tão longe; e quanto mais óbvia essa ciência possa parecer (e de modo algum é óbvia), mais detestável ainda devemos considerar a ignorância dela por parte de todos os aspirantes ao conhecimento e à filosofia.

Não pode restar qualquer suspeita de que essa ciência seja incerta e quimérica, a menos que devamos conceber tal ceticismo como inteiramente avesso a toda especulação e inclusive à ação. Não podemos duvidar de que a mente é dotada de vários poderes e faculdades, que esses poderes são distintos uns dos outros, que o que é realmente distinto à percepção imediata pode ser distinguido pela reflexão, e, consequentemente, que há uma verdade e uma falsidade em todas as proposições sobre esse tema, e uma verdade e falsidade que não se encontram além do alcance do entendimento humano. Há muitas distinções óbvias desse tipo, como aquelas entre vontade e entendimento, imaginação e paixões, que pertencem à compreensão de cada criatura humana; e distinções mais nítidas e mais filosóficas não são menos reais e certas, embora mais difíceis de ser compreendidas. Alguns exemplos especialmente recentes de sucesso nessas investigações podem nos dar uma noção mais justa da certeza e da solidez desse ramo do conhecimento. E será que devemos considerar digno o trabalho de filósofos que nos apresentam um sistema dos planetas e ajustam a posição e a ordem desses corpos remotos, enquanto fingimos ignorar aqueles que, com muito sucesso, delineiam as partes da mente, na qual estamos tão intimamente interessados?

Mas será que não podemos esperar que a filosofia, se cultivada com cuidado e encorajada pela atenção do público, possa levar essas pesquisas ainda mais longe e descobrir, ao menos em algum grau, as fontes e princípios secretos pelos quais a mente humana é movida em suas operações? Astrônomos há muito contentavam-se em provar, a partir dos fenômenos, os verdadeiros movimentos, a ordem e a magnitude dos corpos celestiais, até que finalmente surgissem filósofos que parecem, a partir da reflexão mais apropriada, ter também determinado as leis e forças pelas quais as revoluções dos planetas são governadas e dirigidas. O mesmo foi realizado com relação a outras partes da natureza. E não há razão para não esperar um sucesso igual em nossas investigações sobre os poderes e a economia mentais, se perseguidas com igual capacidade e cuidado. É provável que uma operação e um princípio da mente dependam de outro, o que, uma vez mais, pode ser resolvido em uma operação e um princípio mais gerais ou universais. E é difícil determinar com exatidão o quão longe podemos levar essas pesquisas antes, ou mesmo depois, que sejam determinadas com exatidão por um exame cuidadoso. Isto é certo: tentativas desse tipo são feitas a cada dia por aquelas pessoas que filosofam mais negligentemente; nada pode ser mais necessário do que começar a iniciativa com cuidado e atenção rigorosos; e caso esteja ao alcance do entendimento humano, felizmente pode, no fim, ser realizada; se não, pode ser rejeitada com alguma confiança e segurança. Essa última conclusão certamente não é desejável; tampouco, deveria ser adotada muito imprudentemente. Pois, quanta beleza e quanto valor temos de diminuir dessa espécie de filosofia, com base nessa suposição? Moralistas, quando consideravam a vasta quantidade e diversidade daquelas ações que excitam nossa aprovação ou aversão, estavam acostumados até agora a buscar algum princípio comum do qual essa variedade de sentimentos pudesse depender. E, embora tenham por vezes levado o problema longe demais, por sua paixão por algum princípio geral, devemos confessar que são desculpáveis por esperarem encontrar alguns princípios gerais nos quais todos os vícios e virtudes deveriam justamente ser resolvidos. Semelhante tem sido o esforço de críticos, lógicos e até mesmo de políticos. Suas tentativas não foram completamente malsucedidas; embora, talvez, um tempo mais longo, maior acurácia e uma dedicação mais ardente possam aproximar ainda mais essas ciências de sua perfeição. Abandonar todas as pretensões desse tipo de uma só vez pode ser considerado mais imprudente, precipitado e dogmático até mesmo que a filosofia mais ousada e afirmativa que alguma vez já tenha tentado impor seus ditames e princípios incipientes à humanidade.

10    Que diferença faz se essas reflexões sobre a natureza humana pareçam abstratas e de difícil compreensão? Isso não permite presumir que sejam falsas. Ao contrário, parece impossível que o que até aqui escapou a tantos filósofos sábios e perspicazes possa ser muito óbvio e fácil. E, independentemente dos esforços que essas pesquisas possam nos demandar, podemos nos considerar suficientemente recompensados, não somente com relação aos ganhos, mas também ao prazer se, por esse meio, pudermos fazer qualquer acréscimo ao nosso

estoque de conhecimento em temas de indizível importância como esses.

Mas, sobretudo, como o caráter abstrato dessas especulações não é uma recomendação, mas, ao contrário, uma desvantagem para elas, e como essa dificuldade talvez possa ser superada com cuidado e técnica e com a evitação de todo detalhe desnecessário, na investigação a seguir tentamos jogar alguma luz sobre temas cuja incerteza até aqui deteve os sábios, e cuja obscuridade, os ignorantes. Que bom se pudermos unir as fronteiras das diferentes espécies de filosofia, reconciliando a investigação profunda com clareza e a verdade com inovação! E ainda melhor se, argumentando desse modo fácil, pudermos minar os fundamentos de uma filosofia abstrusa, que parece ter até aqui servido somente como um refúgio para a superstição e uma proteção para absurdidade e erro!

# Seção II
# Da origem das ideias

11    Cada um concederá prontamente que existe uma diferença considerável entre as percepções da mente quando sentimos a dor do calor excessivo ou o prazer do calor moderado, e quando recordamos depois essa sensação ou a antecipamos pela imaginação. Essas faculdades podem imitar ou copiar as percepções dos sentidos, mas nunca podem alcançar inteiramente a força e vivacidade da percepção original. O máximo que dizemos delas, mesmo quando operamos com o maior vigor, é que apresentam seu objeto de um modo tão vívido que *quase* poderíamos dizer que o sentimos ou o vemos. Mas, exceto se a mente estiver desordenada por doença ou loucura, elas jamais podem chegar a esse nível de vivacidade, de modo a tornar essas percepções completamente indistinguíveis. Todas as cores da poesia, por mais esplêndidas, jamais podem pintar objetos naturais de modo a fazer com que a descrição seja tomada por uma paisagem real. O pensamento mais vívido é ainda inferior à sensação mais enfadonha.

Podemos observar uma distinção semelhante permeando todas as outras percepções da mente. Uma pessoa em um ataque de fúria se move de um modo muito diferente daquela que apenas pensa essa emoção. Se você me disser que uma pessoa está apaixonada, eu facilmente entendo o significado do que está dizendo, e formo uma concepção justa da situação dessa pessoa; mas nunca posso confundir essa concepção com as desordens e agitações reais da paixão. Quando refletimos sobre nossos sentimentos e afeições passados, nosso pensamento é um espelho fiel, e copia seus objetos verdadeiramente. Mas as cores que emprega são pálidas e enfadonhas em comparação àquelas com as quais nossas percepções originais estavam cobertas. Não é necessário um discernimento preciso ou uma mente metafísica para marcar a distinção entre elas.

Aqui, portanto, podemos dividir todas as percepções da mente em duas classes ou espécies, que são distinguidas por seus diferentes graus de força e vivacidade. As menos poderosas e vívidas são comumente denominadas *pensamentos* ou *ideias*. As outras espécies requerem um nome em nossa língua, e em muitas outras, suponho, porque não era necessário classificá-las sob um termo ou designação geral e servia apenas a propósitos filosóficos. Vamos, portanto, usar uma pequena liberdade e chamá-las *impressões*; empregando essa palavra em um sentido um pouco diferente do usual. Pelo termo "impressão", portanto, significo todas as nossas percepções mais vívidas quando ouvimos, vemos, sentimos, amamos, odiamos, desejamos ou queremos. E impressões são distintas de ideias, que são percepções menos vívidas, das quais somos conscientes quando refletimos sobre quaisquer daquelas sensações ou movimentos mencionados acima.

Nada, à primeira vista, pode parecer mais ilimitado do que o pensamento humano, que não apenas escapa de todo poder e autoridade humanos, mas não é sequer restrito aos limites da natureza e da realidade. Formar monstros e juntar formas e aparências incongruentes não dá mais trabalho à imaginação do que conceber os objetos mais naturais e familiares. E, embora o corpo esteja confinado a um planeta, sobre o qual se move com dor e dificuldades, o pensamento pode em um instante nos transportar para as regiões mais distantes do universo ou mesmo para além dele, para o caos ilimitado, onde se supõe que a natureza se encontre em total confusão. O que nunca foi visto ou ouvido pode ainda ser concebido; nada está além do poder do pensamento, exceto o que implica uma contradição absoluta.

Mas, embora nosso pensamento pareça possuir essa liberdade ilimitada, descobriremos após um exame mais atento que está realmente confinado a limites muito estreitos, e que todo esse poder criativo da mente equivale apenas à faculdade de compor, transpor, aumentar ou diminuir os materiais que nos são dados pelos sentidos e pela experiência. Quando pensamos uma montanha de ouro, apenas juntamos duas ideias consistentes, *ouro* e *montanha*, que já nos eram familiares. Podemos conceber um cavalo virtuoso, porque, a partir de nossa própria percepção, podemos conceber a virtude, e podemos uni-la à figura e à forma de um cavalo, que é um animal familiar a nós. Em suma, todos os materiais do pensamento são derivados de nossa percepção externa ou interna. A mistura e a composição desses pertencem apenas à mente e à vontade. Ou, para me expressar em linguagem filosófica, todas as nossas ideias ou percepções mais débeis são cópias de nossas impressões ou mais vívidas.

Para provar isso, espero que os seguintes argumentos sejam suficientes. Primeiro, quando analisamos nossos pensamentos ou ideias, por mais compostos ou sublimes que sejam, sempre descobrimos que se resolvem em ideias tão simples quanto as que foram copiadas de uma sensação ou percepção precedente. Mesmo aquelas ideias que à primeira vista parecem mais distantes dessa origem, após um exame detalhado, mostram serem derivadas dela. A ideia de Deus, como um Ente infinitamente inteligente, sábio e bom, surge da reflexão sobre as operações de nossa própria mente e do aumento sem limites das qualidades de bondade e sabedoria. Podemos executar essa investigação pelo tempo que quisermos, e sempre verificaremos que cada ideia que examinamos é copiada de uma impressão similar. Aqueles que afirmassem que essa posição não é universalmente verdadeira, nem sem exceção, teriam um método único e fácil de refutá-la: apresentando a ideia que, em sua opinião, não é derivada dessa fonte. Caberá a nós, então, se mantivermos nossa doutrina, apresentar a impressão ou percepção vívida que corresponda a ela.

Segundo, se ocorrer, por um defeito dos órgãos, 15 que uma pessoa não seja suscetível a qualquer espécie de sensação, sempre verificaremos que ela é de algum modo suscetível a ideias correspondentes. Uma pessoa cega não pode formar noção alguma de cores; uma pessoa surda, de sons. Restaure um desses sentidos nos quais ela é deficiente. Ao abrir essa nova entrada para suas sensações, você também abre uma entrada para as ideias, e ela não encontra dificuldade em conceber esses objetos. O caso é o mesmo se o objeto próprio para excitar uma sensação nunca foi aplicado ao órgão. Uma pessoa nativa da Lapônia ou da África não tem noção do sabor do vinho. E, embora haja poucos exemplos, ou nenhum, de uma deficiência semelhante na mente, se uma pessoa jamais sentiu ou é completamente incapaz de uma percepção ou paixão que pertence à sua espécie, ainda assim verificaremos que a mesma observação ocorre em um grau menor. Uma pessoa amável não pode formar uma ideia de vingança inveterada ou de crueldade, nem uma pessoa egoísta pode facilmente conceber a bênção da amizade e da generosidade. Estamos prontamente de acordo com o fato de que outros entes possam possuir muitos sentidos dos quais não podemos ter qualquer concepção, porque suas ideias jamais nos foram introduzidas da única forma pela qual uma ideia pode ter acesso à mente, ou seja, pela percepção e sensação efetivos.

16    Contudo, há um fenômeno contraditório que pode provar que não é absolutamente impossível que ideias surjam independentemente de suas impressões correspondentes. Acredito que todos concordarão prontamente com o fato de que as várias ideias distintas de cor que entram pelos olhos, ou as de som que são transmitidas pelos ouvidos, são realmente diferentes umas das outras, porém, ao mesmo tempo, semelhantes. Ora, se isso é verdadeiro quando se trata de cores diferentes, também deve ser verdadeiro quando se trata de diferentes tons da mesma cor; e cada tom produz uma ideia distinta, independentemente do resto. Pois, se isso for negado, é possível, pela contínua gradação de tons, transformar insensivelmente uma cor no que é mais distante dela. E, se você não aceitar que qualquer um dos meios é diferente, não poderá, sem absurdidade, negar que os extremos são os mesmos. Suponha, portanto, que uma pessoa tenha desfrutado de sua visão por trinta anos, e tenha se tornado perfeitamente familiarizada com cores de todos os tipos, exceto um tom particular de azul, por exemplo, que nunca teve a sorte de experienciar. Se colocarmos diante dela todos os tons dessa cor, exceto aquele que nunca viu, descendo gradualmente do mais ao menos intenso, é claro que perceberá uma lacuna onde falta aquele tom e uma distância maior naquele lugar entre as cores contíguas do que em qualquer outro. Agora, pergunto: é possível para essa pessoa, a partir de sua imaginação, suprimir essa deficiência e formar a ideia desse tom particular, embora

jamais lhe tenha lhe sido transmitida por seus sentidos? Acredito que algumas pessoas sejam da opinião de que possa. E isso pode servir como uma prova de que ideias simples nem sempre derivam das impressões correspondentes, embora esse exemplo seja tão singular, a ponto de quase não merecer nossa observação, nem justificar, por si mesmo, que alteremos nossa máxima geral.

Aqui está, portanto, uma proposição que não só parece, em si, simples e inteligível, mas que, se usada propriamente, também poderia tornar cada discussão igualmente inteligível, banindo todo aquele jargão que por tanto tempo se apossou dos argumentos metafísicos, desgraçando-os. Todas as ideias, especialmente as abstratas, são naturalmente vagas e obscuras; a mente possui apenas uma posse tênue delas; são suscetíveis de ser confundidas com outras ideias semelhantes; e, muitas vezes, quando empregamos algum termo sem um significado distinto, tendemos a imaginar que tenha uma ideia determinada, anexada a ele. Pelo contrário, todas as impressões, ou seja, todas as sensações, sejam externas ou internas, são fortes e vívidas; os limites entre elas são mais exatamente determinados; e é difícil incorrer em algum erro ou equívoco com relação a elas. Assim, quando concebemos qualquer suspeita de que um termo filosófico é empregado sem qualquer significado ou ideia (como muito frequentemente é), só necessitamos perguntar: *de que impressão derivou essa suposta ideia?* E, se for impossível lhe atribuir alguma, isso servirá para confirmar nossa suspeita. Ao trazermos ideias a uma luz tão clara, podemos razoavelmente esperar eliminar toda discussão que possa surgir com relação à sua natureza e realidade[1].

# Seção III
## Da associação de ideias

18    É evidente que há um princípio de conexão entre os diferentes pensamentos ou ideias da mente, e que, em sua aparição à memória ou à imaginação, apresentam um ao outro com um certo grau de método e regularidade. Em nosso pensamento ou discurso mais sério, isso é tão observável que qualquer pensamento particular que interrompa o trecho ou cadeia de ideias é imediatamente destacado e rejeitado. E mesmo em nossas divagações mais loucas, assim como em nossos sonhos, verificaremos, se refletirmos, que a imaginação não estava completamente se aventurando, mas que ainda havia uma conexão contínua entre as diferentes ideias, que sucediam umas as outras. Caso transcrevêssemos a conversa mais frouxa e livre, imediatamente observaríamos algo que a conectava em todas as suas transições. Ou, onde faltasse isso, a pessoa que interrompesse o fluxo de discurso ainda poderia nos informar que havia, secretamente, revolvido em sua mente uma sucessão de pensamentos que gradualmente afastaram-na do tema da conversação. Entre diferentes línguas, mesmo onde não podemos suspeitar a menor conexão ou comunicação, verificamos que as palavras que expressam as ideias mais compostas ainda correspondem, praticamente, uma à outra: uma prova certa de que ideias simples, contidas nas compostas, foram vinculadas por algum princípio universal que teve uma influência igual em toda humanidade.

Embora seja óbvio demais para escapar da observação, que diferentes ideias estejam conectadas umas às outras, não acredito que algum filósofo tenha tentado enumerar ou classificar todos os princípios de associação. Esse é, contudo, um tema que parece digno de curiosidade. Para mim, parece haver apenas três princípios de conexão entre ideias, a saber: *semelhança*, *contiguidade* no tempo ou no espaço e *causa* ou *efeito*.

Acredito que não será posto em dúvida que esses princípios servem para conectar ideias. Uma imagem, naturalmente, leva nossos pensamentos ao original[2]: a menção de um apartamento em um prédio, naturalmente, introduz uma indagação ou discurso sobre os outros[3]. E se pensarmos sobre um ferimento, dificilmente podemos evitar refletir sobre a dor que o segue[4]. Mas que essa enumeração seja completa, e que não haja outros princípios de associação além desses, pode ser difícil de provar satisfatoriamente aos leitores, ou mesmo para mim mesmo. Tudo que podemos fazer, nesses casos, é percorrer vários exemplos e examinar cuidadosamente o princípio que vincula os diferentes pensamentos entre si, só parando quando tivermos tornado esse princípio tão geral quanto possível[5]. Quanto mais exemplos examinamos, e quanto mais cuidado empregamos, mais certeza obtemos de que a enumeração que formamos a partir do todo é completa e inteira.

# Seção IV
## Dúvidas céticas sobre as operações do entendimento

**Parte I**

20     Todos os objetos da razão ou investigação humana podem naturalmente ser divididos em dois tipos, a saber: *Relações de Ideias* e *Questões de Fato*. Do primeiro tipo são as ciências da geometria, álgebra e aritmética e, em suma, toda afirmação que seja intuitiva ou demonstrativamente certa. *"Que o quadrado da hipotenusa é igual ao quadrado dos dois lados"* é uma proposição que expressa uma relação entre essas figuras. *"Que três vezes cinco é igual à metade de trinta"* expressa uma relação entre esses números. Proposições desse tipo são descobríveis pela mera operação do pensamento, independente do que existe em qualquer parte do universo. Mesmo se nunca tivesse existido um círculo ou um triângulo na natureza, as verdades demonstradas por Euclides sempre reteriam sua certeza e evidência.

21     Questões de fato, que são os segundos objetos da razão humana, não são verificadas do mesmo modo; tampouco, nossa evidência de sua verdade, por maior que seja, é de uma natureza semelhante à da anterior. O contrário de cada questão de fato é ainda possível, porque nunca pode implicar uma contradição, e é concebido pela mente, com a mesma facilidade e distinção, como igual-

mente consistente com a realidade. *"Que o sol não nascerá amanhã"* não é uma proposição menos inteligível e não implica mais contradição do que a afirmação *"que ele nascerá"*. Tentaríamos em vão demonstrar sua falsidade. Caso fosse demonstrativamente falsa, implicaria uma contradição e jamais poderia ser distintamente concebida pela mente.

Portanto, pode ser um tema digno de interesse investigar qual é a natureza dessa evidência que nos assegura de qualquer existência real e questão de fato, para além do testemunho presente de nossos sentidos ou dos registros de nossa memória. Essa parte da filosofia, podemos ver, tem sido pouco cultivada, seja pelos antigos ou pelos modernos, e, portanto, nossas dúvidas e erros na realização de uma investigação tão importante podem ser mais escusáveis, embora andemos por caminhos tão difíceis sem qualquer guia ou direção. Elas podem até mesmo se mostrar úteis ao excitarem nossa curiosidade e destruírem aquela fé e segurança implícitas que são a perdição de toda reflexão e investigação livre. A descoberta de defeitos na filosofia comum, caso haja algum, não será, presumo, um desencorajamento, mas, pelo contrário, um incitamento, como é usual, para tentarmos algo mais completo e satisfatório do que foi até agora proposto ao público.

Todos os argumentos sobre questões de fato parecem ser fundados na relação de *causa* e *efeito*. Por meio apenas dessa relação podemos ir além das evidências de nossa memória e de nossos sentidos. Se fôssemos perguntar a uma pessoa por que ela acredita em alguma questão de fato que é ausente – por exemplo, que sua amiga está no interior, ou na França – ela nos daria uma razão, e essa razão seria algum outro fato – como uma carta recebida dela, ou o conhecimento de suas resoluções e promessas anteriores. Uma pessoa que encontrasse um relógio ou qualquer outro mecanismo em uma ilha deserta concluiria que houve pessoas naquela ilha antes dela. Todos os nossos argumentos a respeito de fatos são da mesma natureza. E aqui supõe-se constantemente que haja uma conexão entre o fato presente e o que é inferido a partir dele. Caso não houvesse coisa alguma os vinculando entre si a inferência seria inteiramente precária. A audição de uma voz articulada e de um discurso racional no escuro nos garante a presença de alguma pessoa, por quê? Porque esses são os efeitos da constituição e da estrutura humanas, e estão estreitamente conectados a elas. Se anatomizarmos todos os outros argumentos dessa natureza, verificaremos que são baseados na relação de causa e efeito e que essa relação é ou próxima ou remota, ou direta ou colateral. Calor e luz são efeitos colaterais do fogo, e um efeito pode ser justamente inferido do outro.

23 Se estivermos satisfeitos, portanto, a respeito da natureza dessa evidência que nos assegura sobre questões de fato, devemos investigar como chegamos ao conhecimento de causa e efeito.

Ousarei afirmar, como uma proposição geral que não admite exceção, que o conhecimento dessa relação não é, em ocorrência alguma, obtido por argumentos *a priori*; mas surge inteiramente da experiência, quando verificamos que quaisquer objetos particulares são constantemente unidos uns aos outros. Se um objeto for apresentado a uma pessoa de razão e habilidades naturais muito fortes; e se esse objeto lhe for inteiramente novo, ela não será capaz, pelo mais acurado exame de suas qualidades sensíveis, de descobrir qualquer de suas causas ou efeitos. Adão, embora suponhamos que suas faculdades racionais fossem perfeitas, não poderia ter, no princípio, inferido da fluidez e transparência da água que ela o afogaria, ou da luz e calor do fogo que o consumiria. Nenhum objeto jamais revela, pelas qualidades que aparecem aos sentidos, as causas que o produziram ou os efeitos que surgirão dele; nossa razão jamais pode, sem o auxílio da experiência, extrair qualquer inferência sobre existência real e questões de fato.

Podemos prontamente admitir a proposição de *"que causas e efeitos são descobríveis não pela razão mas pela experiência"* com relação aos objetos, quando lembramos que outrora nos foram completamente desconhecidos, pois devemos estar conscientes da nossa completa incapacidade, naquele momento, de prever o que surgiria deles. Apresente dois pedaços lisos de mármore a uma pessoa que não foi tocada pela filosofia natural. Ela jamais descobrirá que uma peça aderirá à outra, exigindo uma enorme força para separá-las numa linha direta, embora oferecendo apenas uma pequena resistência a uma pressão lateral. Prontamente confessamos que conhecemos eventos assim – pouco análogos ao curso comum da natureza – apenas pela experiência. Uma pessoa não pode imaginar que a explosão da pólvora, ou a atração de uma pedra-ímã, pudesse ser descoberta por argumentos *a priori*. De um modo semelhante, quando supomos que um efeito depende de um mecanismo intricado ou de uma estrutura secreta de partes, não temos dificuldade alguma em atribuir todo nosso conhecimento dele à experiência. Quem afirmará que pode apresentar a razão última de por que o leite ou o pão é um alimento próprio aos humanos e não a um leão ou a um tigre?

Mas, à primeira vista, a mesma verdade pode não parecer ter a mesma evidência com relação a eventos – que se tornaram familiares a nós desde nossa primeira aparição no mundo – que exibem uma analogia estreita com o curso inteiro da natureza, e que supomos dependerem das qualidades simples dos objetos, sem qualquer estrutura secreta de partes. Somos capazes de imaginar que podemos descobrir esses efeitos pela mera operação da nossa razão, sem a experiência. Imaginamos que, caso fôssemos trazidos a este mundo de repente, poderíamos, à primeira vista, ter inferido que uma bola de bilhar transmitiria movimento a outra por impulso, e que não necessitaríamos ter esperado pelo evento para nos pronunciarmos com certeza sobre ele. Tal é a influência do costume, que, onde é mais forte, não apenas cobre nossa ignorância natural, mas inclusive se oculta, e parece não ocorrer, meramente porque é encontrado no grau mais elevado.

25 Mas, para nos convencermos de que todas as leis da natureza e todas as operações dos corpos, sem exceção, são conhecidas somente pela experiência, as reflexões seguintes podem, talvez, bastar. Digamos que algum objeto nos fosse apresentado e nos pedissem para nos pronunciarmos sobre o efeito que resultaria dele sem consultarmos observações passadas. De que modo, eu lhe pergunto, deve a mente proceder nessa operação? Ela deve inventar ou imaginar algum evento que atribua ao objeto como seu efeito, e é óbvio que essa invenção deve ser inteiramente arbitrária. A mente jamais pode encontrar o efeito na causa suposta, por mais acurado que seja seu exame dela. Pois o efeito é totalmente diferente da causa, e, consequentemente, jamais pode ser descoberto nela. O movimento na segunda bola de bilhar é um evento muito distinto do movimento na primeira. Não há coisa alguma em um que sugira a menor indicação do outro. Uma pedra, ou um pedaço de metal suspenso no ar, se deixada sem qualquer apoio, imediatamente cai. Mas, para considerar o problema *a priori*, há qualquer coisa que descobrimos nessa situação que gere a ideia de um movimento para baixo, em vez de para

cima, ou de qualquer outro movimento, na pedra ou no metal?

E, como a primeira imaginação ou invenção de um efeito particular, em todas as operações naturais, é arbitrária, não consultamos a experiência e, portanto, devemos também, estimar o suposto vínculo ou conexão entre a causa e o efeito que os une e torna impossível que qualquer outro efeito possa resultar da operação dessa causa. Quando vejo, por exemplo, uma bola de bilhar se movendo em uma linha reta em direção a outra, mesmo supondo que o movimento na segunda bola me fosse sugerido por acidente como o resultado de seu contato ou impulso, não posso conceber que uma centena de eventos diferentes poderiam igualmente seguir dessa causa? Essas duas bolas não podem permanecer em repouso absoluto? A primeira bola não pode retornar em uma linha reta, ou se desviar da segunda em qualquer linha ou direção? Todas essas suposições são consistentes e concebíveis. Por que, então, deveríamos dar preferência a uma, que não é mais consistente ou concebível do que as outras? Todos os nossos argumentos *a priori* jamais serão capazes de nos mostrar qualquer fundamento para essa preferência.

Em suma, portanto, cada efeito é um evento distinto de sua causa. Assim, não poderia ser descoberto na causa, e a primeira invenção ou concepção dela, *a priori*, deve ser inteiramente arbitrária. E mesmo após ser sugerida, a conjunção dele com a causa deve parecer igualmente arbitrária, uma vez que há sempre muitos outros efeitos que, para a razão, devem parecer igualmente consistentes e naturais. Em vão, portanto, deveríamos tentar determinar qualquer evento singular, ou inferir qualquer causa ou efeito, sem a assistência da observação e da experiência.

26   Por conseguinte, podemos descobrir a razão pela qual os filósofos, que são racionais e modestos, jamais tentaram determinar a causa última de qualquer operação natural, ou mostrar distintamente a ação desse poder que produz cada efeito único no universo. Admite-se que o esforço mais extremo da razão humana é reduzir os princípios que geram fenômenos naturais a uma maior simplicidade e resolver os vários efeitos particulares em algumas causas gerais, por meio de argumentos a partir da analogia, experiência e observação. Mas, quanto às causas dessas causas gerais, tentaríamos, em vão, descobri-las. Jamais poderemos nos satisfazer com qualquer explicação particular para elas. Essas fontes e princípios últimos são totalmente fechados à curiosidade e à investigação humanas. Elasticidade, gravidade, coesão de partes, transmissão de movimento por impulso, essas são provavelmente as causas e os princípios últimos que podemos descobrir na natureza. E podemos nos considerar suficientemente felizes se, por investigação e análise acuradas, pudermos remontar os fenômenos particulares até, ou próximo a, esses princípios gerais. A filosofia mais perfeita do tipo natural apenas detém um pouco mais nossa ignorância, assim como, talvez, a mais perfeita filosofia da moral ou de tipo metafísico sirva apenas para revelar porções maiores dela. Portanto, a observação da cegueira e da fraqueza humanas é o resultado de toda filosofia, e nos encontra a cada momento, a despeito de nossos esforços para evitá-la.

27   A geometria, com toda sua acurácia de análise, pela qual é tão justamente celebrada, quando usada em auxílio da filosofia natural, jamais é capaz de remediar esse defeito ou de nos levar ao conhecimento das causas últimas. Cada parte da matemática variada procede com base na suposição de que certas leis são estabelecidas pela natureza em

suas operações; e raciocínios abstratos são empregados, seja para auxiliar a experiência na descoberta dessas leis, seja para determinar sua influência em situações particulares, em que depende de algum grau preciso de distância e quantidade. Assim, é uma lei do movimento, descoberta pela experiência, que o momento ou força de qualquer corpo em movimento está na razão ou proporção composta de seus conteúdos sólidos e de sua velocidade; e, consequentemente, que uma pequena força pode remover o maior obstáculo ou erguer o maior peso se, por meio de qualquer dispositivo ou mecanismo, pudermos aumentar a velocidade dessa força de modo a torná-la superior à de sua antagonista. A geometria nos ajuda na aplicação dessa lei ao nos dar as justas dimensões de todas as partes e figuras que podem compor qualquer espécie de máquina. Porém, a descoberta da própria lei ainda pertence meramente à experiência, e todas as reflexões abstratas do mundo jamais poderiam nos fazer avançar um passo na direção do conhecimento dela. Quando pensamos *a priori*, e meramente consideramos um objeto ou causa tal como aparece à mente, independentemente de toda observação, nunca poderíamos inferir a noção de algum objeto distinto como seu efeito; muito menos a conexão inseparável e inviolável entre eles. Seria muito sagaz uma pessoa que pudesse descobrir, por reflexão, que o cristal é o efeito do calor, e o gelo, do frio, sem estar previamente familiarizada com a operação dessas qualidades.

## Parte II

Mas ainda não obtivemos qualquer satisfação aceitável com relação à primeira questão proposta. Cada solução ainda dá origem a uma nova questão, tão difícil quanto a anterior, e nos leva a investigações adicionais. Quando perguntamos: *Qual é a natureza de todas as nossas reflexões sobre questões de fato?*, a resposta própria parece ser que são baseadas na relação de causa e efeito. Quando perguntamos novamente: *Qual é o fundamento de todas as nossas reflexões e conclusões sobre essa relação?*, podemos responder com uma palavra: *experiência*. Mas, se ainda prosseguirmos em nossa disposição perscrutadora, e perguntarmos: *Qual é o fundamento de todas as conclusões da experiência?*, isso implica uma nova questão, que pode ser de solução e explicação mais difíceis. Filósofos que se dão ares de sabedoria e suficiência superiores têm uma tarefa árdua quando encontram pessoas de disposições inquiridoras que os tiram dos cantos para os quais se recolhem, e que decerto vão levá-los, finalmente, a algum dilema perigoso. O melhor expediente para evitarmos essa confusão é sermos modestos em nossas pretensões, e até mesmo descobrirmos por nós mesmos a dificuldade antes que nos seja objetada. Desse modo, podemos fazer de nossa ignorância um tipo de mérito.

Nesta seção, contentar-me-ei com uma tarefa fácil, e tentarei dar apenas uma resposta negativa à questão aqui proposta. Digo, portanto, que, mesmo após experienciarmos operações de causa e efeito, nossas conclusões dessa experiência *não* são fundadas no pensamento ou em qualquer processo do entendimento. Devemos nos esforçar para explicar e defender essa resposta.

29 Devemos, certamente, admitir que a natureza nos manteve a uma grande distância de todos os seus segredos e nos muniu apenas do conhecimento de algumas qualidades superficiais dos objetos, enquanto nos oculta aqueles poderes e princípios dos quais a influência desses objetos depende inteiramente. Nossos sentidos nos informam sobre a cor, o peso e a consistência do pão, mas nem o sentido nem a razão podem nos informar sobre

aquelas qualidades que o tornam adequado para a nutrição e o sustento de um corpo humano. Visão ou tato comunica uma ideia de movimento efetivo dos corpos, mas quanto àquela força ou poder admirável, que manteria um corpo em movimento para sempre em uma mudança contínua de lugar, e que os corpos nunca perdem senão pela transmissão a outros, sobre isso não podemos formar a mais distante concepção. Mas, apesar dessa ignorância sobre os poderes[6] e princípios naturais, sempre presumimos, quando vemos qualidades sensíveis semelhantes, que elas possuem poderes secretos semelhantes, e esperamos que desses poderes sigam efeitos similares àqueles que experienciamos. Se um corpo de cor e consistência similares às desse pão que comemos anteriormente fosse-nos apresentado, não teríamos escrúpulo algum em repetir o experimento e prever, com certeza, semelhante nutrição e sustento. Ora, esse é um processo da mente ou pensamento, cujo fundamento conhecemos prontamente. Em toda parte se admite que não há conexão entre as qualidades sensíveis e os poderes secretos e, consequentemente, que a mente não é levada por coisa alguma que conheça de sua natureza a formar uma conclusão assim sobre sua conjunção constante e regular. Quanto à *experiência* passada, é possível admitir que pode dar informações *diretas* e *certas* apenas sobre aqueles objetos e sobre aquele período de tempo que fizeram parte de sua percepção. Mas por que essa experiência deveria ser estendida a tempos futuros e a outros objetos que, pelo que sabemos, podem ser apenas em aparência similares? Essa é a principal questão na qual insistirei. O pão, que comi anteriormente, nutriu-me; ou seja, um corpo com tais qualidades sensíveis estava, naquele momento, imbuído daqueles poderes secretos. Mas será que disso segue-se que outro pão deve também me nutrir em outro momento, e que qualidades sensíveis semelhantes devem sempre ser acompanhadas de poderes secretos semelhantes? A consequência de modo algum parece necessária. Ao menos, devemos reconhecer que há aqui uma consequência extraída pela mente; que há um determinado passo dado; um processo de pensamento e uma inferência que necessitam ser explicados. Essas duas proposições, sem dúvida, são as mesmas: *"Descobri que esse objeto sempre foi acompanhado desse efeito"* e *"Prevejo que outros objetos, que são aparentemente similares, serão acompanhados de efeitos similares"*. Concederei, com sua permissão, que uma proposição pode justamente ser inferida da outra. Sei, de fato, que sempre é inferida. Mas, se você insistir que a inferência é feita por uma cadeia de pensamentos, gostaria que a apresentasse. A conexão entre essas proposições não é intuitiva. Há um meio necessário, que pode permitir à mente extrair uma inferência assim, caso seja, de fato, extraída por reflexão e argumentos. Que meio é esse, devo confessar, ultrapassa minha compreensão; e a tarefa de apresentá-lo cabe àqueles que afirmam que realmente existe e é a origem de todas as nossas conclusões sobre questões de fato.

30    Com o tempo, esse argumento negativo certamente deve se tornar completamente convincente, caso muitos filósofos perspicazes e capazes mudem suas investigações nessa direção. E ninguém deverá ser capaz de descobrir qualquer proposição de conexão ou passo intermediário que apoie o entendimento nessa conclusão. Mas, como a questão ainda é nova, você pode não confiar até aqui em seu próprio discernimento de modo a concluir, portanto, que um argumento não existe realmente, porque escapa à sua investigação. Por essa razão, pode ser necessário empreender uma tarefa mais difícil, e, enumerando todos os ramos do conhecimen-

to humano, tentar mostrar que nenhum deles pode prover um argumento desses.

Todos os argumentos podem ser divididos em dois tipos: argumentos demonstrativos, que se ocupam de relações de ideias, e argumentos morais, que se ocupam de questões de fato e de existência. Parece evidente que não haja quaisquer argumentos demonstrativos no caso, uma vez que não implica contradição que o curso da natureza possa mudar e que um objeto, aparentemente semelhante àqueles que experienciamos, possa ser acompanhado de efeitos diferentes ou contrários. Não posso conceber clara e distintamente que um corpo que caiu das nuvens e que, sob todos os outros aspectos, assemelha-se à neve, tenha, contudo, o gosto do sal e o toque do fogo? Há alguma proposição mais inteligível que afirmar que todas as árvores florescerão em dezembro e janeiro e que em maio e junho suas folhas cairão? Ora, tudo o que é inteligível e pode ser concebido distintamente não implica contradição e nunca pode ser provado falso por qualquer argumento demonstrativo ou pensamento *a priori*.

Portanto, se formos levados por argumentos a confiar na experiência passada e torná-la o padrão de nossos juízos futuros, esses devem ser apenas prováveis, ou semelhantes a questões de fato e de existência real, segundo a divisão acima mencionada. Mas, se nossa explicação dessa espécie de pensamento for admitida como sólida e satisfatória, veremos que não existem argumentos desse tipo. Dissemos que todos os argumentos sobre a existência são fundados na relação de causa e efeito, que nosso conhecimento dessa relação é derivado inteiramente da experiência e que todas as nossas conclusões experienciais se baseiam na suposição de que o futuro será conforme ao passado. Portanto, tentar provar essa última suposição através de argumentos prováveis ou relativos à existência é evidentemente andar em um círculo, e tomar como dado o próprio ponto em questão.

31      Na realidade, todos os argumentos da experiência são fundados na similaridade que descobrimos entre os objetos naturais, e pela qual somos induzidos a esperar efeitos similares àqueles que sabemos que decorrem desses objetos. E, embora só uma pessoa tola ou louca tentasse contestar a autoridade da experiência, ou rejeitar essa grande guia da vida humana, podemos certamente conceder que filósofos tenham curiosidade suficiente para examinar o princípio da natureza humana que dá essa autoridade poderosa à experiência e nos faz tirar vantagem dessa similaridade que a natureza colocou entre diferentes objetos. De causas que parecem *similares* podemos esperar efeitos similares. Essa é a soma de todas as nossas conclusões experienciais. Ora, parece evidente que, se essa conclusão fosse formada pela razão, seria tão perfeita no início, e com base em um exemplo, quanto após um curso ainda mais longo da experiência. Mas o caso é bem o contrário. Nada é tão semelhante quanto ovos. No entanto, ninguém espera o mesmo gosto e apetência em todos eles devido à sua aparente similaridade. É somente após um longo curso de experimentos uniformes que podemos obter uma confiança e segurança firmes com relação a um evento particular. Onde está, então, aquele processo de argumentação que, a partir de um único exemplo, extrai uma conclusão tão diferente daquela que infere a partir de uma centena de exemplos que em nada diferem daquele? Proponho essa questão com vistas tanto à informação quanto à intenção de levantar dificuldades. Não posso encontrar, não posso imaginar um argumento assim. Mas ainda mantenho minha mente aberta à instrução, caso alguém se digne a me apresentar um.

Poderíamos dizer que, de uma série de experimentos uniformes, *inferimos* uma conexão entre as qualidades sensíveis e os poderes secretos. Isso, devo confessar, parece a mesma dificuldade, expressa em termos diferentes. A questão ainda retorna: em que processo de raciocínio essa *inferência* está fundada? Onde está o meio, as ideias interpostas que juntam proposições tão amplas entre si? Admitimos que, em si, a cor, a consistência e outras qualidades sensíveis do pão parecem não ter qualquer conexão com os poderes secretos de nutrição e sustento. Pois, do contrário, poderíamos inferir esses poderes secretos a partir da primeira aparição dessas qualidades sensíveis, sem a ajuda da experiência, indo contra o sentimento de todos os filósofos e as simples questões de fato. Eis aqui, então, nosso estado natural de ignorância com relação aos poderes secretos e a influência de todos os objetos. Como isso é remediado pela experiência? Ela apenas nos mostra uma série de efeitos uniformes que resulta de certos objetos, e nos ensina que aqueles objetos particulares, naquele momento particular, eram dotados desses poderes e forças. Quando um novo objeto, dotado de qualidades sensíveis similares, é apresentado, esperamos poderes e forças similares e buscamos um efeito similar. De um corpo de cor e consistência semelhante ao pão podemos esperar nutrição e sustento semelhantes. Mas esse é, certamente, um passo ou progresso da mente que necessita ser explicado. Quando uma pessoa diz: *"Verifiquei, em todas as ocorrências passadas, essas qualidades sensíveis unidas a esses poderes secretos"*, e, quando diz: *"Qualidades sensíveis similares sempre se unirão a poderes secretos similares"*, ela não é culpada de uma tautologia, nem essas proposições são, de modo algum, as mesmas. Você diz que uma proposição é uma inferência da outra. Mas deve confessar que a inferência não é intuitiva nem demonstrativa. De que natureza é, então? Dizer que é experimental é solicitar a questão, pois todas as inferências a partir da experiência supõem, como seu fundamento, que o futuro se assemelhará ao passado, e que poderes similares se unirão a qualidades sensíveis similares. Se houver qualquer suspeita de que o curso da natureza possa mudar, e de que o passado possa não ser uma regra para o futuro, toda experiência se torna inútil e não pode dar origem a inferência ou conclusão alguma. É impossível, portanto, que quaisquer argumentos a partir da experiência possam provar essa semelhança do passado em relação ao futuro, uma vez que são todos baseados na suposição dessa semelhança. Vamos supor que o curso das coisas tenha sido até aqui verdadeiramente regular. Isso em si, sem qualquer novo argumento ou inferência, não prova que, no futuro, continuará assim. Em vão você alegaria ter compreendido a natureza dos corpos a partir de sua experiência passada. Sua natureza secreta e, consequentemente, todos os seus efeitos e sua influência podem mudar sem que haja qualquer modificação em suas qualidades sensíveis. Isso ocorre, por vezes, e com relação a alguns objetos. Por que pode não ocorrer sempre e com relação a todos? Que lógica, que processo de argumento protege você dessa suposição? Minha prática, você diz, refuta minhas dúvidas. Mas você se equivoca quanto ao propósito de minha questão. Como um agente, estou muito satisfeito com a questão, mas, como filósofo, que tem uma parcela de curiosidade – não direi ceticismo –, quero conhecer o fundamento dessa inferência. Nenhuma leitura, nenhuma investigação foram ainda capazes de remover minha dificuldade ou de me dar satisfação em um tema dessa importância. Posso fazer melhor do que propor a dificuldade ao público, mesmo que, talvez, tenha poucas esperanças de obter uma solução? Por meio disso, ao menos, seremos capazes de perceber nossa ignorância, ainda que não aumentemos nosso conhecimento.

Devo confessar que uma pessoa que conclui que um argumento não existe só porque escapou de sua própria investigação é culpada de arrogância imperdoável. Devo confessar também que talvez seja duro concluir positivamente que um tema possa ultrapassar toda compreensão humana, mesmo que todas as pessoas instruídas, ao longo de várias épocas, tenham se dedicado em vão à sua investigação. Mesmo que examinemos todas as fontes de nosso conhecimento e as consideremos inadequadas para um tema assim, ainda deve restar uma suspeita de que a enumeração não seja completa ou de que o exame não seja acurado. Mas com relação ao tema presente há algumas considerações que parecem remover toda essa acusação de arrogância ou suspeita de erro.

É certo que as pessoas mais ignorantes e estúpidas, e mesmo as crianças e os animais, melhoram com a experiência, e aprendem as qualidades dos objetos naturais, observando os efeitos que resultam deles. Depois de uma criança ter a sensação de dor ao tocar a chama de uma vela, cuidará para não colocar sua mão próxima a outra vela, e esperará um efeito similar de uma causa que é similar em suas qualidades sensíveis e aparência. Se você afirmar, portanto, que o entendimento da criança é levado a essa conclusão por um processo dc argumentação ou raciocínio, posso justamente exigir que você apresente esse argumento. Você não pode pretender recusar uma exigência tão justa. Não pode dizer que o argumento é abstruso e que ele pode escapar de sua investigação, já que confessou que ele é óbvio para a capacidade de uma mera criança. Portanto, se você hesita um momento ou se, após reflexão, apresenta algum argumento intricado ou profundo, de certo modo desiste da questão e confessa que não é o raciocínio a dedução que nos leva a supor que o futuro se assemelhará ao passado, e a esperar efeitos similares de causas que são, aparentemente, similares. Essa é a proposição que eu pretendia enfatizar na presente seção. Se estiver certo, não pretendo ter feito uma descoberta poderosa. E, se estiver errado, devo me reconhecer como de fato um estudioso muito retrógrado, uma vez que não posso descobrir agora um argumento que, parece, era-me perfeitamente familiar, muito antes de sair de meu berço.

# Seção V
# Solução cética dessas dúvidas

**Parte I**

A paixão pela filosofia, como a paixão pela religião, parece propensa à inconveniência de que, embora vise à correção de nossos costumes e à extirpação de nossos vícios, pode, por conta de um gerenciamento imprudente, servir apenas para fomentar uma inclinação predominante e empurrar a mente, com resolução mais determinada, para aquele lado que já a *puxa* pela inclinação e propensão do temperamento natural. É certo que, embora aspiremos à firmeza magnânima da sabedoria filosófica, e tentemos confinar completamente nossos prazeres a nossas mentes, podemos tornar nossa filosofia, como a de Epíteto e outros *estoicos*, somente um sistema mais refinado de egoísmo, e nos dissuadir de toda virtude e entretenimento social. Embora estudemos com atenção a futilidade da vida humana, e voltemos nossos pensamentos para a natureza vazia e transitória das riquezas e honrarias, talvez estejamos, ao mesmo tempo, agradando nossa indolência natural que, odiando a agitação do mundo e o trabalho monótono dos assuntos práticos, busca um pretexto da razão para se dar uma satisfação completa e descontrolada. Contudo, há uma espécie de filosofia que parece pouco propensa a essa inconveniência, porque não lida com a paixão desordenada da mente humana nem pode se misturar a qualquer afeição ou propensão natural, que é a filosofia acadêmica ou cética. Os acadêmicos sempre falam sobre dúvida e suspensão do juízo, sobre perigos em determinações precipitadas, sobre o confinamento das investigações do entendimento a limites muito estreitos, e sobre a renúncia a todas as especulações que não se encontram dentro dos limites da vida e prática comuns. Nada, portanto, pode ser mais contrário à indolência aquiescente da mente, sua arrogância impulsiva, suas pretensões soberbas e sua credulidade supersticiosa do que uma filosofia assim. Toda paixão é mortificada por ela, exceto o amor à verdade; e essa paixão nunca é, nem pode ser, levada a um grau elevado demais. Portanto, é surpreendente que essa filosofia que, quase sempre, deve ser inofensiva e inocente, devesse ser o tema de tanta reprovação e opróbrio sem base. Mas talvez a própria circunstância que a torna tão inocente seja principalmente o que a expõe ao ódio e ressentimento do público. Ao não favorecer qualquer paixão irregular, ganha poucos adeptos. Ao se opor a tantos vícios e tolices, recruta para si uma abundância de inimigos, que a estigmatizam como libertina, profana e irreligiosa.

Não precisamos temer que essa filosofia, enquanto tenta limitar nossas investigações à vida comum, possa vir a minar os pensamentos da vida comum, levando suas dúvidas tão longe a ponto de destruir toda ação e especulação. A natureza sempre manterá seus direitos e prevalecerá no fim sobre qualquer pensamento abstrato. Embora devêssemos concluir, por exemplo, como na seção precedente, que em todas as reflexões a partir da experiência há um passo dado pela mente que não é apoiado por argumento ou processo do entendimento, não há perigo de que essas reflexões, das quais quase não partíssemos de algum fato presente à memória ou aos sentidos, nossas reflexões seriam meramente hipotéticas. E, embora os vínculos particulares pudessem estar conectados entre si, a cadeia inteira de inferências nada teria para sustentá-la. Além disso, por meio dela, jamais poderíamos chegar ao conhecimento de qualquer existência real. Se eu perguntar por que você acredita em alguma questão de fato particular que relata, você deve me apresentar alguma razão, e essa razão será algum outro fato conectado a ela. Mas como não pode ir adiante desse modo, *in infinitum*, você deve, por fim, terminar em algum fato que está presente à sua memória ou aos seus sentidos, ou deve admitir que sua crença é inteiramente sem fundamento.

38 Qual é, então, a conclusão do problema inteiro? É uma conclusão simples, porém, devo confessar, muito distante das teorias comuns da filosofia. Toda crença sobre questões de fato ou de existência real deriva de algum objeto, presente à memória ou aos sentidos, e de uma conjunção costumeira entre esse e algum outro objeto. Ou, em outras palavras, tendo verificado em muitos exemplos que dois tipos quaisquer de objetos, chama e calor, neve e frio, sempre estiveram unidos, se a chama ou a neve forem apresentadas novamente aos sentidos, a mente é levada pelo costume a esperar calor ou frio, e a *acreditar* que essa qualidade existe e se revelará em um contato mais próximo. Essa crença é o resultado necessário de colocar a mente nessas circunstâncias. Nessa situação, é uma operação da alma tão inevitável quanto sentir a paixão do amor quando recebemos benefícios, ou do ódio quando nos deparamos com injúrias. Todas essas operações são uma espécie de instintos naturais, que nenhuma reflexão ou processo do pensamento e do entendimento é capaz de produzir ou de evitar.

que formaria após examinar todos os círculos do universo. Mas, ninguém, tendo visto um único corpo se mover após ser impelido por outro, poderia inferir que todo outro corpo se moveria após um impulso semelhante. Todas as inferências da experiência, portanto, são efeitos do costume, não do pensamento[7].

O costume, portanto, é o grande guia da vida humana. É somente esse princípio que torna nossa experiência útil a nós e nos faz esperar, para o futuro, uma sucessão de eventos similares àqueles que apareceram no passado. Sem a influência do costume, seríamos inteiramente ignorantes de toda questão de fato, além do que estivesse imediatamente presente à memória e aos sentidos. Nunca saberíamos como ajustar meios a fins, ou empregar nossos poderes naturais na produção de qualquer efeito. Haveria imediatamente um término de toda ação, bem como da parte principal da especulação.

Mas, aqui, pode ser adequado observar que, embora nossas conclusões a partir da experiência nos levem para além de nossa memória e sentidos, e nos assegurem sobre questões de fato que ocorreram nos lugares mais distantes e nas épocas mais remotas, algum fato deve sempre estar presente aos sentidos ou à memória, a partir do qual podemos primeiramente extrair essas conclusões. Num país deserto, uma pessoa que encontrasse os restos de edificações pomposas concluiria que o país, em tempos antigos, fora cultivado por habitantes civilizados, mas, se nada dessa natureza lhe ocorresse, jamais poderia formar uma inferência assim. Aprendemos sobre os eventos de épocas anteriores com a história, mas, depois, devemos examinar os volumes nos quais essa instrução está contida, e a partir daí construir nossas inferências de um testemunho a outro, até chegarmos às testemunhas e espectadores desses eventos distantes. Em suma, se por qualquer processo de pensamento, é levada a extrair essa inferência. Mas, ainda que se encontre determinada a extraí-la, e, embora deva estar convencida de que seu entendimento não participa da operação, ainda assim continuaria no mesmo curso de pensamento. Há algum outro princípio que a determina a formar essa conclusão.

36     Esse princípio é o *costume* ou *hábito*. Pois, sempre a que a repetição de qualquer ato ou operação particular produz uma propensão a renovar o mesmo ato ou operação, sem ser impelida por qualquer pensamento ou processo de entendimento, dizemos que essa propensão é o efeito do *costume*. Ao empregarmos essa palavra não pretendemos ter apresentado a razão última dessa propensão. Somente indicamos um princípio da natureza humana que é universalmente reconhecido e que é bem conhecido por seus efeitos. Talvez não possamos levar nossas investigações mais longe ou pretender apresentar a causa dessa causa, mas devamos nos contentar com ela como o princípio último de todas as nossas conclusões a partir da experiência. É bastante satisfatório que possamos ir tão longe e não devemos reclamar da estreiteza de nossas faculdades, pois elas não nos levarão mais adiante. E é certo que aqui, pelo menos, apresentamos uma proposição muito inteligível, embora não verdadeira, quando afirmamos que, após a constante conjunção de dois objetos – por exemplo, calor e chama ou peso e solidez –, somos levados pelo costume apenas a esperar um da aparição do outro. Essa hipótese parece inclusive a única que explica a dificuldade de por que extraímos, a partir de milhares de exemplos, uma inferência que não somos capazes de extrair de um exemplo que não é, de modo algum, diferente deles. A razão é incapaz desse tipo de variação. As conclusões que extrai da consideração de um círculo são as mesmas

todo conhecimento depende, sejam afetadas por uma descoberta assim. Se a mente não for levada por argumentos a dar esse passo, deve ser induzida por algum outro princípio de igual peso ou autoridade, e esse princípio preservará sua influência enquanto a natureza humana permanecer a mesma. Descobrir que princípio é esse pode compensar as dificuldades da investigação.

Suponha que uma pessoa, ainda que dotada das mais fortes faculdades de razão e reflexão, seja trazida de repente a este mundo. Ela, de fato, observaria imediatamente uma sucessão contínua de objetos e um evento seguindo outro, mas não seria capaz de descobrir coisa alguma além disso. Não seria capaz, em princípio, por meio de qualquer pensamento, de chegar à ideia de causa e efeito, uma vez que os poderes particulares pelos quais todas as operações naturais são realizadas nunca aparecem aos sentidos. Não é razoável concluir que, se um evento meramente precede outro em uma situação, um é a causa e o outro, o efeito. Sua conjunção pode ser arbitrária e casual. Pode não haver razão para inferir a existência de um a partir da aparição do outro. Em suma, essa pessoa, sem mais experiência, jamais poderia empregar sua conjetura ou dedução sobre qualquer questão de fato, ou se assegurar de coisa alguma além do que estivesse imediatamente presente à sua memória e aos seus sentidos.

Suponha ainda que ela tenha adquirido mais experiência, e tenha vivido o bastante no mundo para ter observado objetos ou eventos similares se unindo constantemente. Qual é a consequência dessa experiência? Ela imediatamente infere a existência de um objeto a partir da aparição do outro. Todavia, com toda sua experiência, ela não adquiriu qualquer ideia ou conhecimento do poder secreto pelo qual um objeto produz o outro. Tampouco,

Neste momento, seria-nos muito admissível parar nossas pesquisas filosóficas. Na maior parte das questões, nunca podemos dar um único passo adiante; e, em todas as questões, devemos terminar aqui, por fim, após nossas investigações mais incansáveis e interessantes. Mas nossa curiosidade ainda será perdoável, e talvez admirável, se nos levar a pesquisas adicionais, e nos fizer examinar mais acuradamente a natureza dessa *crença* e da *conjunção costumeira* que dela deriva. Por esse meio, podemos encontrar algumas explicações e analogias que satisfarão ao menos os que amam as ciências abstratas e podem ser entretidos com especulações que, embora acuradas, podem ainda reter um grau de dúvida e incerteza. A parte restante desta seção não é pensada para leitores de um gosto diferente, e as investigações que seguem podem bem ser compreendidas, mesmo que sejam negligenciadas.

## Parte II

Nada é mais livre do que a imaginação humana. E, embora não possa exceder esse estoque original de ideias fornecido pelos sentidos internos e externos, tem o poder ilimitado de misturar, compor, separar e dividir essas ideias, em todas as variedades de ficção e visão. Ela pode simular uma série de eventos com toda a aparência de realidade, atribuir-lhes um tempo e um lugar particulares, concebê-los como existentes e representá-los, para si, com toda circunstância pertencente a algum fato histórico no qual acredita com a maior certeza. Portanto, em que consiste a diferença entre uma ficção e uma crença assim? Não se encontra meramente em alguma ideia peculiar, que é anexada a uma tal concepção, que comanda nosso assentimento, e que é necessária a qualquer ficção conhecida. Pois, como a mente tem autoridade sobre todas as suas ideias, poderia voluntariamente anexar essa ideia particular a qualquer ficção e consequentemente ser capaz de acreditar no que quer que lhe agradasse, contrariando o que verificamos na experiência cotidiana. Podemos, em nossa concepção, juntar a cabeça de uma pessoa ao corpo de um cavalo, mas não está em nosso poder acreditar que um animal assim tenha realmente existido.

Segue-se, portanto, que a diferença entre *ficção* e *crença* repousa em uma percepção ou sensação que é anexada à última, não à primeira, e que não depende da vontade, nem pode ser comandada arbitrariamente. Deve ser excitada pela natureza, como todas as outras percepções, e deve surgir da situação particular na qual a mente é colocada em uma juntura particular. Sempre que algum objeto é apresentado à memória ou aos sentidos, leva imediatamente a imaginação, pela força do costume, a conceber esse objeto, que usualmente está unido a ela, e essa concepção é acompanhada de uma percepção ou sensação diferente das livres divagações da fantasia. Nisso consiste a natureza inteira da crença. Pois, como não há questão de fato em que acreditamos tão firmemente que não possamos conceber o contrário, não haveria diferença entre a concepção assentida e aquela que é rejeitada, não fosse por alguma percepção que distingue uma da outra. Se vejo uma bola de bilhar se movendo na direção de outra em uma mesa lisa, posso facilmente concebê-la parando no momento do contato. Essa concepção não implica contradição, mas ainda parece muito diferente daquela concepção pela qual represento para mim mesmo o impulso e a transmissão do movimento de uma bola para a outra.

40     Se fôssemos tentar *definir* essa percepção, talvez achássemos a tarefa muito difícil, se não impossível, do mesmo modo que se tentássemos

definir a sensação de frio ou a paixão da fúria a uma criatura que jamais teve qualquer experiência dessas percepções. *Crença* é o nome verdadeiro e próprio dessa percepção, e qualquer um sabe o significado desse termo, porque estamos sempre conscientes da percepção que representa. Contudo, pode não ser impróprio tentar *descrever* essa percepção na esperança de que possamos, por esse meio, chegar a algumas analogias que podem fornecer uma explicação mais perfeita dela. Digo, portanto, que crença não é senão uma concepção mais clara, vívida, poderosa, firme e estável de um objeto do que aquela que a imaginação sozinha poderia obter. Essa variedade de termos, que podem parecer muito não filosóficos, visa somente a expressar esse ato da mente que torna as realidades, ou o que é considerado como tal, mais presentes a nós do que ficções, faz com que pesem mais no pensamento e lhes dá uma influência superior sobre as paixões e a imaginação. Se estivermos de acordo sobre a coisa, é desnecessário discutir sobre os termos. A imaginação tem o comando sobre todas as suas ideias, e pode juntar e misturar várias delas de todos os modos possíveis; pode conceber objetos ficcionais com todas as circunstâncias de lugar e tempo; pode colocá-los, de certo modo, diante de nossos olhos, com sua aparência verdadeira, exatamente como poderiam ter existido. Mas como é impossível que essa faculdade da imaginação possa alguma vez, por si, atingir a crença, é evidente que essa última consiste não na natureza peculiar ou na ordem das ideias, mas na *forma* em que são concebidas e em como são *percebidas* na mente. Confesso que é impossível explicar perfeitamente essa sensação ou forma de concepção. Podemos fazer uso de palavras que expressam algo próximo disso. Mas seu nome verdadeiro e próprio, como observamos antes, é *crença*, que é um termo que todos nós compreendemos suficientemente na vida comum. E, na filosofia, não podemos afirmar senão que *crença* é algo percebido pela mente, que distingue as ideias do juízo das ficções da imaginação, dá-lhes mais peso e influência, faz com que pareçam de maior importância, impõe-nas à mente e as torna o princípio governante de nossas ações. Ouço, por exemplo, neste momento, a voz de uma pessoa com a qual estou familiarizado, e o som parece vir da sala ao lado. Essa impressão de meus sentidos imediatamente transporta meu pensamento para a pessoa, com todos os objetos circundantes. Represento-os para mim como existentes no presente, com as mesmas qualidades e relações que anteriormente sabia possuírem. Essas ideias se apropriam da minha mente com mais firmeza do que ideias sobre um castelo encantado. Elas são muito diferentes da sensação, e têm uma influência muito maior, seja para dar prazer ou dor, alegria ou tristeza.

Vamos, então, aceitar o alcance inteiro dessa doutrina e conceder que a percepção de crença não é senão uma concepção mais intensa e estável do que aquela que acompanha as meras ficções da imaginação, e que essa *forma* de concepção surge de uma conjunção costumeira do objeto com algo presente à memória ou aos sentidos. Acredito que não será difícil, com base nessas suposições, encontrar outras operações da mente análogas a ela, e remontar esses fenômenos a princípios ainda mais gerais.

41 Já observamos que a natureza estabeleceu conexões entre ideias particulares, e que uma ideia não ocorre aos nossos pensamentos antes de introduzir sua correlata e chamar nossa atenção para ela, por meio de um movimento gentil e inconsciente. Reduzimos esses princípios de conexão ou associação a três, a saber, *semelhança*, *contiguidade* e *causação* – que são as únicas conexões que unem

nossos pensamentos e geram aquela série regular de reflexão ou discurso, que, em um grau maior ou menor, ocorre a todos nós. Ora, aqui surge uma questão, da qual depende a solução da presente dificuldade. Em todas essas relações, quando um dos objetos é apresentado aos sentidos ou à memória, não ocorre de a mente ser levada à concepção do correlato, bem como chegar a uma concepção mais estável e mais forte dele, do que de outro modo seria capaz de obter? Esse parece ser o caso com aquela crença que surge da relação de causa e efeito. E, se o caso for o mesmo, com as outras relações ou princípios de associação, isso pode ser estabelecido com uma lei geral, que ocorre em todas as operações da mente.

Portanto, como o primeiro experimento de nosso propósito presente, podemos observar que, diante da aparição da imagem de um amigo ausente, nossa ideia dele é evidentemente avivada pela *semelhança*, e que cada paixão que essa ideia ocasiona, seja de alegria ou de tristeza, adquire nova força e vigor. Ao produzir esse efeito, concorrem tanto uma relação quanto uma impressão presente. Se a imagem não exibe semelhança alguma com ele, ao menos não era destinada a ele, também não transportará nosso pensamento a ele. E se está ausente, como a pessoa, embora a mente possa passar do pensamento de uma para o da outra, sente sua ideia mais enfraquecida do que vivificada por essa transição. Temos prazer em ver a imagem de um amigo quando é colocada diante de nós; mas, quando é removida, preferimos considerá-lo diretamente em vez de seu reflexo em uma imagem, que é igualmente distante e obscura.

As cerimônias da religião católica romana podem ser consideradas exemplos da mesma natureza. Os seguidores dessa superstição usualmente alegam, como desculpa para as cerimônias ridículas pelas quais são censurados, que sentem o efeito bom daqueles movimentos, posturas e ações externos ao vivificarem sua devoção e estimularem seu fervor, que decairiam, se dirigidos inteiramente a objetos distantes e imateriais. Ocultamos os objetos de nossa fé, dizem eles, em figuras e imagens perceptíveis, e, pela presença imediata dessas figuras, nós os tornamos mais presentes a nós do que seria possível meramente por uma visão e uma contemplação intelectuais. Objetos sensíveis têm sempre uma influência maior na imaginação do que qualquer outro, e essa influência eles transportam prontamente para aquelas ideias às quais são relacionados e se assemelham. Apenas inferirei dessas práticas, e dessa análise, que o efeito de semelhança nas ideias vivificadas é muito comum, e como em todo caso uma semelhança e uma impressão presente devem coincidir, somos abundantemente munidos de experimentos para provar a realidade do princípio precedente.

42 Podemos adicionar força a esses experimentos por meio de outros de um tipo diferente, ao considerarmos os efeitos de *contiguidade* assim como os de *semelhança*. É certo que a distância diminui a força de cada ideia, e que, com base em nossa abordagem de qualquer objeto, embora não se revele aos nossos sentidos, opera sobre a mente com uma influência que imita uma impressão imediata. O pensamento de qualquer objeto transporta prontamente a mente ao que é contíguo, mas é somente a presença efetiva de um objeto que o transporta com uma vivacidade superior. Quando estou a algumas milhas de casa, o que quer que se relacione a ela me afeta mais intimamente do que quando estou a duzentas léguas, embora, mesmo à distância, a reflexão sobre qualquer coisa na vizinhança de meus amigos ou família naturalmente produz uma ideia deles. Mas, como no último caso, ambos os objetos da mente são ideias. Apesar de haver uma transição fácil

entre eles, essa transição sozinha não é capaz de dar uma vivacidade superior a qualquer uma das ideias, pela ausência de alguma impressão imediata[8].

Ninguém pode duvidar de que a causação tem a mesma influência que as outras duas relações de semelhança e contiguidade. Pessoas supersticiosas estimam as relíquias de pessoas santas e pessoas sagradas pela mesma razão que buscam figuras ou imagens a fim de vivificar sua devoção e lhes dar uma concepção mais íntima e forte daquelas vidas exemplares, que elas desejam imitar. Ora, é evidente que uma das melhores relíquias que pessoas devotas poderiam obter seria a obra de uma pessoa santa; e, se suas vestimentas e móveis forem considerados sob essa luz, é porque outrora estiveram ao seu dispor, e foram movidos e afetados por ela, e assim devem ser considerados como efeitos imperfeitos e como estando conectados a ela por uma cadeia mais curta de consequências do que qualquer uma daquelas pelas quais conhecemos a realidade de sua existência.

Suponha que o filho de um amigo, que estivesse morto ou ausente há muito tempo, fosse apresentado a nós. É evidente que esse objeto reviveria instantaneamente sua ideia correlata, e lembraria aos nossos pensamentos todas as intimidades e familiaridades passadas, em cores mais vívidas do que teriam de outro modo aparecido a nós. Esse é outro fenômeno que parece provar o princípio acima mencionado.

Podemos observar que, nesses fenômenos, a crença do objeto correlato é sempre pressuposta, sem a qual a relação não poderia ter efeito. A influência da imagem supõe que *acreditamos* que nosso amigo outrora existiu. A contiguidade ao lar jamais pode excitar nossas ideias de lar, a menos que *acreditemos* que realmente exista. Ora, afirmei que essa crença se estende para além da memória ou dos sentidos, é de natureza similar e surge de causas similares com a transição do pensamento e a vivacidade da concepção aqui explicada. Quando jogo um pedaço de madeira seca em uma fogueira, minha mente é imediatamente levada a conceber que ele aumente, não extinga, a chama. Essa transição do pensamento da causa para o efeito não provém da razão. Deriva completamente sua origem do costume e da experiência. E como inicialmente parte de um objeto presente aos sentidos, torna a ideia ou concepção da chama mais forte e vívida do que qualquer divagação frouxa e flutuante da imaginação. Essa ideia surge imediatamente. O pensamento se move instantaneamente na direção dela, e comunica a ela toda aquela força da concepção, que é derivada da impressão presente aos sentidos. Quando uma espada é dirigida ao meu peito, a ideia do ferimento e da dor não me atingem mais fortemente do que quando um copo de vinho me é apresentado, mesmo que essa ideia pudesse acidentalmente ocorrer após a aparição do segundo objeto? Mas o que há nesse problema inteiro para provocar uma concepção tão forte, exceto apenas um objeto presente e uma transição costumeira para a ideia de outro objeto, que estávamos acostumados a unir ao anterior? Essa é a operação inteira da mente, em todas as nossas conclusões sobre questões de fato e de existência. E é uma satisfação encontrar algumas analogias pelas quais ela pode ser explicada. A transição de um objeto presente em todos os casos dá força e solidez à ideia relacionada.

Aqui está, portanto, um tipo de harmonia preestabelecida entre o curso da natureza e a sucessão de nossas ideias. E, embora os poderes e forças pelos quais a primeira é governada sejam completamente desconhecidos a nós, acreditamos que nossos pensamentos e concepções ainda prosseguem na mesma sucessão das outras obras da natureza. O costume é esse princípio pelo qual essa correspondência foi efetivada, tão necessário à subsistência de nossa espécie e à regulação de nossa conduta em cada circunstância e ocorrência da vida humana. Caso a presença de um objeto não excitasse instantaneamente a ideia daqueles objetos comumente unida a ele, todo nosso conhecimento teria sido limitado à estreita esfera de nossa memória e de nossos sentidos, e jamais teríamos sido capazes de ajustar meios a fins ou de empregar nossos poderes naturais para produzir o bem ou para evitar o mal. Aqueles que se encantam com a descoberta e a contemplação das *causas finais* têm aqui um tema amplo para empregar seu maravilhamento e admiração.

Como outra confirmação para a teoria precedente, acrescentarei que, como essa operação da mente, pela qual inferimos efeitos semelhantes de causas semelhantes, e vice-versa, é tão essencial para a subsistência de todos nós, não é provável que pudesse ser confiada às deduções falaciosas de nossa razão, que é lenta em suas operações, não aparece durante os primeiros anos da infância e é extremamente propensa a erros e equívocos, em cada época e período da vida humana. É mais conforme à sabedoria comum da natureza garantir que um ato tão necessário da mente – por uma tendência instintiva ou mecânica, que pode ser infalível em suas operações – possa se revelar na primeira aparição da vida e do pensamento, e ser independente de todas as deduções laboriosas do entendimento. Assim como a natureza nos ensinou a usar nossos membros, sem nos dar o conhecimento dos músculos e nervos pelos quais são movidos, também implantou em nós um instinto que mantém o pensamento em um curso correspondente àquele que ela estabeleceu entre objetos externos, embora sejamos ignorantes daqueles poderes e forças do qual esse curso regular e sucessão de objetos dependem totalmente.

# Seção VI
# Da probabilidade[9]

46     Embora não haja algo como *acaso* no mundo, nossa ignorância sobre a real causa de um evento tem a mesma influência sobre o entendimento e gera uma espécie semelhante de crença ou opinião.

Há certamente uma probabilidade que surge de uma superioridade de acasos de um lado e, à medida que essa superioridade aumenta e ultrapassa os acasos opostos, a probabilidade recebe um aumento proporcional e gera um grau ainda mais elevado de crença ou aceitação para esse lado no qual descobrimos a superioridade. Se um dado fosse marcado com um número ou quantidade de pontos em quatro faces e com outro número ou quantidade de pontos nas duas faces restantes, seria mais provável que a anterior aparecesse em vez da última. Contudo, se ele tivesse mil faces marcadas do mesmo modo, e somente uma face diferente, a probabilidade seria muito mais elevada e nossa crença ou expectativa sobre o evento, mais estável e segura. Esse processo do pensamento ou dedução pode parecer trivial e óbvio, mas, para quem o considera mais cuidadosamente, pode, talvez, fornecer material para especulação inquisitiva.

Parece evidente que, quando a mente espera descobrir o evento que pode resultar do lançamento de um dado, considera a aparição de cada face particular como igualmente provável, e essa é a própria natureza do acaso: tornar inteiramente iguais todos os eventos particulares contidos nele. Mas, verificando que num evento ocorre um número maior de faces do que no outro, a mente é levada mais frequentemente a esse evento, e o encontra com mais frequência, ao contemplar as várias possibilidades ou acasos dos quais depende o resultado último. Essa concorrência de várias visões em um evento particular gera, imediatamente, por um dispositivo inexplicável da natureza, a percepção de crença e dá a esse evento a vantagem sobre seu antagonista, que é apoiada por um pequeno número de visões e recorre com menor frequência à mente. Se admitirmos que a crença é apenas uma concepção mais firme e forte de um objeto do que aquilo que acompanha as meras ficções da imaginação, talvez essa operação possa, em alguma medida, ser explicada. A concorrência dessas várias visões ou vislumbres imprime mais fortemente a ideia na imaginação, dá a ela força e vigor superiores, torna mais sensível sua influência sobre as paixões e afeições, e, em suma, gera aquela confiança ou segurança que constitui a natureza da crença e da opinião.

O mesmo ocorre com a probabilidade das causas e do acaso. Há algumas causas que são inteiramente uniformes e constantes na produção de um efeito particular, e jamais foi encontrado qualquer exemplo de alguma falha ou irregularidade em sua operação. O fogo sempre queimou, e a água sempre afogou cada criatura humana. A produção de movimento por impulso e gravidade é uma lei universal que até aqui não admitiu exceção. Mas há outras causas que foram consideradas mais irregulares e incertas; nem sempre o ruibarbo se mostrou um purgante, ou o ópio um soporífero para todos que tomaram esses medicamentos. De fato, quando uma causa falha em produzir seu efeito usual, os filósofos não atribuem isso a uma irregularidade na natureza, mas supõem que algumas causas secretas na estrutura das partes impediram a operação. Contudo, nossos pensamentos e conclusões sobre o evento seriam os mesmos, caso esse princípio não tivesse lugar. Sendo determinados pelo costume a transferir o passado ao futuro, em todas as nossas inferências, quando o passado foi inteiramente regular e uniforme, esperamos o evento com maior confiança, e não deixamos espaço para qualquer suposição contrária. Mas, quando verificamos que efeitos diferentes seguiram de causas que *parecem* exatamente similares, todos esses vários efeitos devem ocorrem à mente ao transferir o passado ao futuro, e entrar em nossa consideração quando determinamos a probabilidade do evento. Embora demos preferência ao que foi considerado mais usual e acreditemos que esse efeito existirá, não devemos negligenciar os outros efeitos, mas atribuir a cada um deles um peso e uma autoridade particulares, à medida que verificamos serem mais ou menos frequentes. Em quase todo país da Europa é mais provável que haja gelo em algum momento em janeiro do que tempo aberto durante o mês inteiro, embora essa probabilidade varie de acordo com os diferentes climas e se aproxime de uma certeza nos países mais ao norte. Aqui, portanto, parece evidente que, quando transferimos o passado ao futuro, a fim de determinar o efeito que resultará de alguma causa, transferimos todos os eventos diferentes na mesma proporção que apareceram no passado e, por exemplo, concebemos um como tendo existido uma centena de vezes; outro, dez vezes; e outro, uma. Aqui, como um grande número de visões concorre em um evento, elas o fortalecem e o confirmam à imaginação, geram aquela percepção que chamamos *crença*, e dão a seu objeto a preferência sobre o evento contrário, que não é apoiado por um número igual de experimentos, e recorre não tão frequentemente ao pensamento na transferência do passado ao futuro. Se uma pessoa tentar explicar essa operação da mente com base em algum dos sistemas de filosofia aceitos, perceberá a dificuldade. Da minha parte, vou achar suficiente se as presentes indicações excitarem a curiosidade de filósofos e os fizerem perceber quão deficientes são todas as teorias comuns ao tratarem desses temas peculiares e sublimes.

# Seção VII
# Da ideia de conexão necessária

**Parte I**

48    A grande vantagem das ciências matemáticas sobre a moral consiste nisto: que as ideias da primeira, sendo sensíveis, são sempre claras e determinadas, a menor distinção entre elas é imediatamente perceptível e os mesmos termos expressam as mesmas ideias, sem ambiguidade ou variação. Um oval jamais é confundido com um círculo, nem uma hipérbole com uma elipse. O isósceles e o escaleno são distinguidos por limites mais exatos do que o vício e a virtude, o certo e o errado. Se um termo é definido em geometria, a mente, por si, prontamente, substitui, em todas as ocasiões, a definição pelo termo definido. Ou, mesmo quando nenhuma definição é empregada, o próprio objeto pode ser apresentado aos sentidos e por esse meio ser pronta e claramente apreendido. Mas as melhores percepções da mente, as operações do entendimento, as várias agitações das paixões, embora em si realmente distintos, facilmente nos escapam quando examinados pela reflexão. Não está em nosso poder recordar do objeto original sempre que temos ocasião de contemplá-lo. A ambiguidade, por esse meio, é gradualmente introduzida em nossos pensamentos. Objetos similares são prontamente considerados os mesmos, e a conclusão se torna muito distante das premissas.

Contudo, podemos afirmar que, se considerarmos essas ciências sob uma luz própria, suas vantagens e desvantagens quase compensam uma à outra, e as reduzem a um estado de igualdade. Se a mente, com grande facilidade, mantém as ideias da geometria claras e determinadas, deve levar adiante uma cadeia muito mais longa e intricada de pensamento e comparar ideias muito mais distantes umas das outras, a fim de atingir as verdades mais abstrusas dessa ciência. E se ideias morais, sem cuidado extremo, tendem a cair na obscuridade e na confusão, as inferências são sempre mais curtas nessas disquisições, e os passos intermediários que levam à conclusão, em número muito menor do que nas ciências que tratam de quantidades e números. Na realidade, dificilmente há uma proposição em Euclides tão simples que não consista de mais partes do que as que encontramos em qualquer reflexão moral que não se transforme em quimera e fantasia. Quando buscamos os princípios da mente humana por meio de alguns passos, podemos muito bem nos satisfazer com nosso progresso, considerando quão cedo a natureza coloca um limite para todas as nossas investigações sobre causas e nos reduz a um reconhecimento de nossa ignorância. Portanto, o principal obstáculo para nosso progresso nas ciências da moral ou metafísicas é a obscuridade das ideias e a ambiguidade dos termos. A principal dificuldade nas matemáticas é a extensão das inferências e o alcance do pensamento necessário para formar qualquer conclusão. E, talvez, nosso progresso na filosofia natural seja retardado principalmente pela falta de experimentos e de fenômenos próprios, que são muitas vezes descobertos por acaso, e nem sempre podem ser encontrados quando necessários, mesmo pela investigação mais diligente e prudente. Como a filosofia moral parece até aqui ter progredido menos que a geometria ou a física, podemos concluir que, se houvesse qualquer diferença a esse respeito entre essas ciências, as dificuldades, que obstruem o progresso da primeira, exigiriam cuidado e capacidade superiores para serem superadas.

49 Na metafísica não há ideias mais obscuras e incertas do que as de *poder, força, energia* ou *conexão necessária*, das quais temos de tratar sempre em todas as nossas disquisições. Assim, nesta seção, tentaremos determinar, se possível, o significado preciso desses termos, e, com isso, remover uma parte dessa obscuridade, da qual tanto se reclama nessa espécie de filosofia.

Uma proposição que parece não admitir muita discussão é a de que todas as nossas ideias não passam de cópias de nossas impressões, ou, em outras palavras, que nos é impossível *pensar* qualquer coisa que não tenhamos *sentido* anteriormente, por nossos sentidos externos ou internos. Tentei[10] explicar e provar essa proposição e expressei minhas esperanças de que, por meio de uma aplicação própria dela, pudéssemos alcançar uma clareza e uma precisão maiores nos pensamentos filosóficos do que até agora fomos capazes de atingir. Ideias complexas, talvez, possam ser bem conhecidas por definições, que não são senão enumerações das partes ou das ideias simples que as compõem. Mas, quando projetamos definições para as ideias mais simples e encontramos ainda alguma ambiguidade e obscuridade, que recurso, então, possuímos? Por qual dispositivo podemos lançar luz sobre essas ideias e torná-las completamente precisas e determinadas à nossa visão intelectual? Apresentando as impressões ou percepções originais das quais as ideias são copiadas. Essas impressões são todas fortes e sensíveis. Não admitem ambiguidade. Não são apenas colocadas em plena luz, mas podem lançar luz sobre suas ideias correspondentes, que se encontram na obscuridade. E por esse meio talvez possamos obter um novo microscópio ou uma nova espécie de ótica, tais que, nas ciências da moral, as ideias menores e mais simples possam ser ampliadas de modo que possamos prontamente apreendê-las, e igualmente conhecê-las, junto às ideias mais comuns e mais perceptíveis que possam ser o objeto de nossa investigação.

Portanto, para nos familiarizarmos completamente com a ideia de poder ou conexão necessária, vamos examinar sua impressão. E, a fim de encontrar a impressão com maior certeza, vamos procurá-la em todas as fontes das quais possivelmente derive.

Quando observamos objetos externos ao nosso redor e consideramos a operação das causas, nunca somos capazes, num só exemplo, de descobrir algum poder ou conexão necessária, alguma qualidade que vincule o efeito à causa e torne um a consequência infalível da outra. Verificamos somente que um, de fato, segue da outra. O impulso de uma bola de bilhar é acompanhado do movimento na segunda. Isso é tudo que aparece aos sentidos *externos*. A mente não tem percepção ou impressão *interna* dessa sucessão de objetos. Consequentemente, não há, em um exemplo particular único de causa e efeito, qualquer coisa que possa sugerir a ideia de poder ou conexão necessária.

Da primeira aparição de um objeto nunca podemos conjeturar que efeito resultará dele. Mas, caso o poder ou a energia de qualquer causa fosse descobrível pela mente, poderíamos prever o efeito, mesmo sem a experiência; e, em princípio, podemos nos pronunciar com certeza sobre ele apenas por meio do simples pensamento e reflexão.

Na realidade, não há parte da matéria que, por suas qualidades sensíveis, revele qualquer poder ou energia, ou nos dê fundamento para pensarmos que poderia produzir qualquer coisa ou ser seguida por qualquer outro objeto que pudéssemos denominar seu efeito. Solidez, extensão, movimento, essas qualidades são todas completas em si, e nunca indicam qualquer outro evento que possa resultar delas. As cenas do universo estão continuamente mudando, e um objeto segue do outro em uma sucessão ininterrupta. Mas o poder ou força que movimenta a máquina inteira é completamente oculto a nós, e jamais se revela em qualquer das qualidades sensíveis do corpo. De fato, sabemos que o calor está constantemente associado à chama, mas não temos espaço sequer para conjeturar ou imaginar a conexão entre eles. Portanto, é impossível que a ideia de poder possa ser derivada da contemplação de corpos, em exemplos únicos de sua operação, porque nenhum corpo jamais revela qualquer poder que possa ser o original dessa ideia[11].

51 Assim, como os objetos externos, da forma como aparecem aos sentidos, não nos dão ideia de poder ou conexão necessária por meio de sua operação em exemplos particulares, vejamos se essa ideia é derivada da reflexão sobre as operações de nossas mentes e copiadas de alguma impressão interna. Podemos dizer que, a cada momento, somos conscientes do poder interno, enquanto sentimos que, pelo simples comando de nossa vontade, podemos mover os órgãos de nosso corpo ou dirigir as faculdades de nossa mente. Um ato de volição produz movimento em nossos membros, ou cria uma nova ideia em nossa imaginação. Conhecemos essa influência da vontade pela consciência. Por isso, adquirimos a ideia de poder ou energia, e estamos certos de que nós, assim como todos os outros entes inteligentes, somos dotados de poder. Essa ideia, portanto, é uma ideia de reflexão, uma vez que surge da reflexão sobre as operações da nossa mente e sobre o comando

que é exercido pela vontade sobre os órgãos do corpo e as faculdades da alma.

Começaremos a examinar essa pretensão, primeiro, com relação à influência da volição sobre os órgãos do corpo. Podemos observar que essa influência é um fato que, como todos os outros eventos naturais, pode ser conhecido somente pela experiência, e jamais pode ser previsto a partir de qualquer energia ou poder aparente na causa que o conecta ao efeito e torna uma a consequência infalível do outro. O movimento de nosso corpo segue o comando de nossa vontade. Somos conscientes disso a todo o momento. Mas o meio pelo qual isso é efetuado, a energia pela qual a vontade executa uma operação tão extraordinária, está tão longe da nossa consciência imediata que deve para sempre escapar de nossa investigação mais diligente.

Pois, *primeiro*, em toda natureza, será que existe um princípio mais misterioso que a união de alma e corpo, pelo qual uma suposta substância espiritual adquire uma influência sobre uma material, de modo que o pensamento mais refinado seja capaz de mover a matéria mais comum? Se, por um desejo secreto, recebêssemos o poder de remover montanhas ou controlar os planetas em sua órbita, essa autoridade extensiva não seria mais extraordinária nem além da nossa compreensão. Mas se pela consciência percebemos algum poder ou energia na vontade, devemos conhecer esse poder, devemos conhecer a união secreta de alma e corpo, e a natureza dessas duas substâncias, pela qual uma é capaz de operar, em tantos exemplos, sobre a outra.

*Segundo*, não somos capazes de mover todos os órgãos do corpo com uma autoridade semelhante, embora não possamos atribuir qualquer razão além da experiência para uma diferença tão notável entre uma e a outra. Por que a vontade tem uma influência sobre a língua e os dedos, mas não sobre o coração ou o fígado? Essa questão nunca nos constrangeria se fôssemos conscientes de um poder, no primeiro caso, mas não no segundo. Perceberíamos, então, independentemente da experiência, por que a autoridade da vontade sobre os órgãos do corpo é circunscrita a esses limites particulares. No caso de sermos completamente familiarizados com o poder ou força pelo qual opera, deveríamos também saber por que sua influência atinge precisamente esses limites e não os ultrapassa.

Uma pessoa repentinamente acometida por uma paralisia na perna ou no braço, ou uma que recentemente perdeu um desses membros, frequentemente tenta, em princípio, movê-lo, e usá-lo em suas funções usuais. Aqui, ela é tão consciente do poder para comandar esse membro quanto uma pessoa em perfeita saúde é consciente do poder para mover qualquer membro que permaneça em seu estado ou condição natural. Mas a consciência nunca engana. Consequentemente, nem num caso nem no outro jamais somos conscientes de poder algum. Aprendemos a influência de nossa vontade apenas a partir da experiência. E apenas a experiência nos ensina como um evento constantemente segue um outro, sem nos instruir sobre a conexão secreta que os une e os torna inseparáveis.

*Terceiro*, podemos aprender com a anatomia que o objeto imediato de poder no movimento voluntário não é o próprio membro movido, mas certos músculos e nervos e espíritos animais\*, e, talvez, algo ainda mais ínfimo e mais desconhecido, por meio do qual o movimento é sucessivamente propagado, antes de alcançar o próprio membro cujo movimento é o objeto imediato da volição. Pode haver prova mais certa de que o poder pelo qual essa operação inteira é executada, longe de ser direta e completamente conhecido por uma percepção interior ou consciência, é, ao último grau, misterioso e ininteligível? Aqui, a mente deseja um determinado evento; imediatamente, é produzido outro evento, que nos é desconhecido e totalmente diferente daquele pretendido; esse evento produz outro, igualmente desconhecido; até que, finalmente, por meio de uma longa sucessão, o evento desejado é produzido. Mas, se o poder original fosse percebido, seria conhecido; se fosse conhecido, também seu efeito seria conhecido, uma vez que todo poder é relativo ao seu efeito. E, *vice-versa*, se o efeito não é conhecido, o poder não pode ser conhecido nem percebido. Como, de fato, podemos ser conscientes de um poder para mover nossos membros, quando não temos esse poder; mas somente aquele para mover certos espíritos animais que, embora produzam, por fim, o movimento de nossos membros, operam, no entanto, de um modo que escapa completamente à nossa compreensão?

Assim, espero que possamos, sem qualquer temeridade e com segurança, concluir do todo que nossa ideia de poder não é copiada de qualquer percepção ou consciência do poder dentro de nós, quando produzimos movimento animal ou empregamos nossos membros para seu uso e função próprios. Que seu movimento siga o comando da vontade diz respeito à experiência comum, como outros eventos naturais. Mas o poder ou energia pelo qual é efetivado, como aquele em outros eventos naturais, é desconhecido e inconcebível[12].

Devemos, então, afirmar que somos conscientes de um poder ou energia em nossas mentes, quando, por um ato ou comando na nossa vontade, produzimos uma nova ideia, envolvemos a mente na contemplação dela, considerando-a em todos os seus aspectos, e, por fim, descartamo-la por alguma outra ideia, quando achamos que a examinamos com acurácia suficiente? Acredito que os mesmos argumentos provarão que mesmo esse comando da vontade não nos dá uma ideia real de força ou energia.

*Primeiro*, vamos admitir que, quando conhecemos um poder, conhecemos essa mesma circunstância na causa que permite a produção do efeito, pois esses devem ser sinônimos. Devemos, portanto, conhecer tanto a causa como o efeito e a relação entre eles. Mas será que pretendemos estar familiarizados com a natureza da alma humana e a natureza de uma ideia, ou com a capacidade de uma para produzir a outra? Essa é uma criação real, uma produção de algo a partir do nada, o que implica um poder tão grande que pode parecer, à primeira vista, além do alcance de qualquer ente que não seja infinito. Ao menos deve ser concedido que um poder assim não é sentido, conhecido ou sequer concebível pela mente. Apenas sentimos o evento, ou seja, a existência de uma ideia, resultante de um comando da vontade. Mas o modo pelo qual essa operação é realizada e o poder pelo qual é produzida estão inteiramente além de nossa compreensão.

*Segundo*, o comando da mente sobre si é limitado, assim como seu comando sobre o corpo. E esses limites não são conhecidos pela razão ou por qualquer familiaridade com a natureza da causa e do efeito, mas somente pela experiência e pela observação, como em todos os outros eventos naturais e na operação de objetos externos. Nossa autoridade sobre nossos sentimentos e paixões é muito mais fraca do que sobre nossas ideias, e mesmo a segunda autoridade é circunscrita a limites muito estreitos. Quem pretenderá determinar a razão última desses limites, ou mostrar por que o poder é deficiente em um caso e não em outro?

*Terceiro*, esse autocomando é muito diferente em diferentes momentos. Uma pessoa saudável o possui mais do que uma pessoa definhando por uma doença. Somos mais senhores de nossos pensamentos pela manhã do que à noite, em jejum mais do que após uma refeição completa. Podemos apresentar alguma razão para essas variações senão a experiência? Onde está, portanto, o poder do qual pretendemos ser conscientes? Não estará aqui, em uma substância espiritual ou material, ou em ambas, algum mecanismo secreto ou estrutura de partes, do qual o efeito depende e que, sendo-nos inteiramente desconhecido, torna o poder ou energia da vontade igualmente desconhecido e incompreensível?

A volição é certamente um ato da mente, com o qual estamos suficientemente familiarizados. Reflita sobre ele. Considere todos os seus aspectos. Você encontra alguma coisa nele semelhante a esse poder criativo, pelo qual cria do nada uma nova ideia, e, com um tipo de *fiat*, imita a onipotência de seu Criador – se me permite falar assim –, que criou todas as várias cenas da natureza? Longe de sermos conscientes dessa energia na vontade, necessitamos de uma determinada experiência, como essa que temos, para nos convencer de que esses efeitos extraordinários possam resultar de um simples ato de volição.

A maior parte das pessoas não encontra qualquer dificuldade em explicar as operações mais comuns e familiares da natureza, como a queda dos corpos pesados, o crescimento das plantas, a geração dos animais, ou a nutrição dos corpos com alimento. Mas, suponha que em todos esses casos elas percebam a própria força ou energia da causa, pela qual está conectada ao seu efeito, e é sempre infalível em sua operação. Elas adquirem, pelo hábito prolongado, esse modo de pensar que, diante da aparição da causa, imediatamente esperam, com segurança, seu correspondente usual, e dificilmente consideram possível que qualquer outro evento possa resultar dela. É somente na manifestação de fenômenos extraordinários como terremotos, pestilência e prodígios de toda sorte que ficam sem saber como lhes atribuir uma causa própria e explicar o modo pelo qual o efeito é produzido por ela. É comum para as pessoas, em dificuldades como essas, recorrerem a algum princípio inteligente invisível[13], como a causa imediata desse evento, que as surpreende e que, pensam elas, não pode ser explicado a partir dos poderes comuns da natureza. Mas filósofos que levam seu exame um pouco mais longe, imediatamente percebem que, mesmo nos eventos mais familiares, a energia da causa é tão ininteligível quanto no mais inusual, e que somente aprendemos pela experiência a frequente conjunção de objetos, sem sermos capazes de compreender qualquer coisa como a conexão entre eles.

55    Aqui, portanto, muitos filósofos se consideram obrigados pela razão a recorrer, em todas as ocasiões, ao mesmo princípio ao qual as pessoas comuns nunca apelam senão em casos que parecem milagrosos e sobrenaturais. Eles reconhecem que a mente e a inteligência são não apenas a causa última e original de todas as coisas, mas a causa imediata e única de todo evento que ocorre na natureza. Alegam que esses objetos, que são comumente denominados *causas*, na realidade nada mais são que *ocasiões*, e que o princípio verdadeiro e direto de todo efeito não é qualquer poder ou força na natureza, mas uma volição do Ente Supremo, que quer que esses objetos particulares sejam para sempre unidos uns aos outros. Em vez de dizerem que uma bola de bilhar move a outra por uma força que é derivada do autor da natureza, eles dizem que é a própria Deidade que, por uma volição particular, move a segunda bola, que é forçada a essa operação pelo impulso da primeira bola, em consequência daquelas leis gerais que prescreveu

para si no governo do universo. Mas os filósofos, que ainda prosseguem suas investigações, descobrem que, como somos totalmente ignorantes do poder do qual depende a operação mútua dos corpos, não somos menos ignorantes daquele poder do qual depende a operação da mente sobre o corpo, ou do corpo sobre a mente. Não somos capazes, seja a partir de nossos sentidos ou de nossa consciência, de atribuir o princípio último em um caso mais do que no outro. Portanto, a mesma ignorância os reduz à mesma conclusão. Eles afirmam que a Deidade é a causa imediata da união entre alma e corpo, e que não são os órgãos dos sentidos que, sendo excitados por objetos externos, produzem sensações na mente, mas que é uma volição particular de nosso Criador onipotente que excita uma sensação assim em consequência de um movimento como esse no órgão. De um modo semelhante, não é uma energia na vontade que produz o movimento local em nossos membros. É o próprio Deus, que se apraz em secundar nossa vontade, em si impotente, e comandar aquele movimento, que erroneamente atribuímos ao nosso poder e eficácia. Os filósofos não param nessa conclusão, estendendo, por vezes, a mesma inferência à própria mente em suas operações internas. Nossa visão mental ou concepção de ideias não é senão uma revelação feita a nós por nosso Criador. Quando, voluntariamente, dirigimos nossos pensamentos a algum objeto, e produzimos sua imagem na imaginação, não é a vontade que cria essa ideia, é o Criador universal, que a revela à mente, e a torna presente para nós.

Assim, de acordo com esses filósofos, cada coisa está repleta de Deus. Não contentes com o princípio de que nada existe senão por sua vontade, de que nada possui qualquer poder senão por sua concessão, destituem a natureza e todos os entes criados de todo poder, a fim de tornar sua dependência da Deidade ainda mais perceptível e imediata. Eles não consideram que, com essa teoria, diminuem, em vez de magnificar, a grandeza daqueles atributos que tanto parecem celebrar. A teoria sustenta que a Deidade é mais poderosa ao delegar um determinado grau de poder a criaturas inferiores do que ao produzir as coisas por sua própria volição imediata, e mais sábia ao conceber, no princípio, a estrutura do mundo com uma presciência tão perfeita que, por si só, e por sua própria operação, possa servir a todos os propósitos da providência, do que se fosse obrigada, a cada momento, a ajustar suas partes e a animar por seu sopro todas as engrenagens dessa estupenda máquina.

Mas, se tivermos uma confutação mais filosófica dessa teoria, talvez, as duas reflexões a seguir possam bastar.

57    *Primeiro*, parece-me que essa teoria da energia universal e operação do Ente Supremo é ousada demais para convencer uma pessoa suficientemente informada sobre a fraqueza da razão humana e sobre os limites estreitos aos quais está confinada em todas as suas operações. Embora a cadeia de argumentos que conduz a ela fosse sempre muito lógica, deve surgir uma forte suspeita, se não uma segurança absoluta, de que nos levou para muito além do alcance de nossas faculdades, quando chega a conclusões tão extraordinárias e tão distantes da vida e das experiências comuns. Entramos no país das fadas, muito antes de termos atingido os últimos passos de nossa teoria, e *lá* não temos razão alguma para confiar em nossos métodos comuns de argumentação, ou de pensar que nossas analogias e probabilidades usuais tenham qualquer autoridade. Nossa linha é curta demais para explorarmos abismos tão imensos. E, embora possamos nos lisonjear de que somos guiados em cada passo que damos por um

tipo de verossimilitude e experiência, podemos nos assegurar de que essa experiência imaginada não tem autoridade quando a aplicamos a temas que se encontram inteiramente fora da esfera da experiência. Mas teremos ocasião de comentar isso adiante[14].

*Segundo*, não posso perceber qualquer força nos argumentos nos quais essa teoria se baseia. Somos ignorantes, é verdade, sobre a forma pela qual os corpos operam um sobre o outro. Sua força ou energia é inteiramente incompreensível. Mas não somos igualmente ignorantes sobre a forma ou força pela qual uma mente, mesmo a mente suprema, opera em si ou no corpo? De onde, eu lhe pergunto, adquirimos qualquer ideia dela? Não temos percepção ou consciência desse poder em nós mesmos. Não temos ideia do Ente Supremo senão o que aprendemos a partir da reflexão sobre nossas próprias faculdades. Caso nossa ignorância fosse, portanto, uma boa razão para rejeitar alguma coisa, deveríamos ser levados àquele princípio de negar toda energia no Ente Supremo bem como na matéria mais comum. Certamente, compreendemos tão pouco as operações de um como as do outro. É mais difícil conceber que o movimento pode surgir do impulso do que da volição? Tudo que conhecemos é nossa profunda ignorância em ambos os casos[15].

## Parte II

Mas, para antecipar uma conclusão desse argumento, que já se estendeu demais, buscamos em vão uma ideia de poder ou conexão necessária em todas as fontes das quais pudemos supor ser derivada. Parece que, em exemplos singulares da operação dos corpos, nunca podemos, com nosso exame extremo, descobrir outra coisa senão que um evento segue de outro, sem sermos capazes de compreender qualquer força ou poder pelo qual a causa opera, ou qualquer conexão entre ela e seu suposto efeito. A mesma dificuldade ocorre na contemplação das operações da mente sobre o corpo, onde observamos o movimento do último seguir da volição da primeira, mas não somos capazes de observar ou conceber o vínculo que une o movimento e a volição ou a energia pela qual a mente produz esse efeito. A autoridade da vontade sobre suas próprias faculdades e ideias de modo algum é mais compreensível. De forma que, de um modo geral, em toda natureza não aparece qualquer exemplo de conexão que nos seja concebível. Todos os eventos parecem inteiramente soltos e separados. Um evento segue de outro, mas nunca podemos observar qualquer vínculo entre eles. Eles parecem *unidos*, mas nunca *conectados*. E como não podemos ter ideia de coisa alguma que nunca apareceu a nosso sentido externo ou percepção interna, a conclusão necessária *parece* ser que não temos ideia alguma de conexão ou poder, e que essas palavras são absolutamente destituídas de sentido quando aplicadas em argumentos filosóficos ou na vida comum.

59    Mas ainda resta um método de evitar essa conclusão e uma fonte que ainda não examinamos. Quando um objeto ou evento natural é apresentado, para nós, é impossível, por qualquer sagacidade ou perspicácia, descobrir ou mesmo conjeturar, sem a experiência, que evento resultará dele, ou levar nossa presciência para além desse objeto, que é imediatamente presente à memória e aos sentidos. Mesmo após um exemplo ou experimento, onde observamos um evento particular seguir outro, não somos autorizados a formar uma regra geral ou prever o que ocorrerá em casos semelhantes, e seria uma temeridade imperdoável julgar o curso inteiro da natureza a partir de um único experimento, independentemente de quão acurado ou certo. Mas quando uma

espécie particular de evento, em todos os exemplos, esteve sempre unida a outra, não temos mais qualquer escrúpulo em prever um com base na aparição do outro, e de empregar essa hipótese, que pode sozinha nos assegurar de qualquer questão de fato ou existência. Assim, chamamos um objeto *causa*, o outro, *efeito*. Supomos que haja uma conexão entre eles, algum poder no primeiro pelo qual infalivelmente produz o outro, e opera com a maior certeza e a mais forte necessidade.

Parece, portanto, que essa ideia de uma conexão necessária entre eventos surge de uma série de exemplos similares que ocorrem da conjunção constante desses eventos. Essa ideia jamais pode ser sugerida por qualquer um desses exemplos, examinados sob todas as luzes e posições. Mas nada há em uma série de exemplos, diferentes de cada exemplo singular, que deva ser exatamente similar, exceto apenas que, após uma repetição de exemplos similares, a mente seja levada pelo hábito, com base na aparição de um evento, a esperar seu correspondente usual e a acreditar que exista. Essa conexão, portanto, que *sentimos* na mente, essa transição costumeira da imaginação de um objeto para seu correspondente usual é a percepção ou impressão a partir da qual formamos a ideia de poder ou conexão necessária. Nada além disso está em questão. Contemple o tema sob todos os aspectos. Você nunca encontrará qualquer outra origem para essa ideia. Essa é a única diferença entre um exemplo, do qual nunca podemos aceitar a ideia de conexão, e uma série de exemplos similares, pelos quais é sugerida. A primeira vez que uma pessoa viu a transmissão do movimento por impulso e pelo choque de duas bolas de bilhar, não poderia afirmar que o primeiro evento estivesse *conectado*, mas somente que estava *unido,* ao outro. Após ter observado vários exemplos dessa natureza, afirma, então, estarem *conectados*. Que alteração ocorreu para originar essa nova ideia de *conexão*? Nada senão que ela agora *percebe* esses eventos *conectados* em sua imaginação e pode prontamente prever a existência de um a partir da aparição do outro. Quando dizemos, portanto, que um objeto está conectado a outro, queremos dizer somente que adquiriram uma conexão em nosso pensamento e dão origem a essa inferência, pela qual um se torna prova da existência do outro, uma conclusão que é um tanto extraordinária, mas que parece fundada em evidências suficientes. Essas evidências não serão enfraquecidas por alguma difidência geral do entendimento, ou por alguma suspeita cética sobre cada conclusão geral, que seja nova e extraordinária. Nenhuma conclusão pode ser mais agradável ao ceticismo do que aquela que faz descobertas sobre a fraqueza e limites estreitos da razão e capacidade humanas.

60  E que exemplo mais forte pode ser apresentado da ignorância e da fraqueza surpreendentes do entendimento que o presente? Pois, certamente, se há uma relação entre objetos que nos importa conhecer perfeitamente, é a de causa e efeito. Nela estão fundados todos os nossos argumentos sobre questões de fato ou de existência. Somente por meio dela obtemos alguma segurança sobre objetos que são removidos do testemunho presente de nossa memória e sentidos. A única utilidade imediata de todas as ciências é nos ensinarem como controlar e regular eventos futuros pelas suas causas. Nossos pensamentos e investigações são, portanto, a cada momento, envolvidos nessa relação. Ainda assim, as ideias que formamos sobre ela são tão imperfeitas que é impossível dar qualquer definição justa da causa, exceto que é extraída de algo externo e estranho a ela.

Objetos similares são sempre unidos a similares. Disso, temos experiência. Portanto, em conformidade a essa experiência, podemos definir uma causa como: *um objeto seguido por outro, e onde todos os objetos similares ao primeiro são seguidos por objetos similares ao segundo*, ou, em outras palavras, *onde, se o primeiro objeto não existisse, o segundo jamais existiria*. A aparição de uma causa sempre leva a mente, por meio de uma transição costumeira, à ideia do efeito. Disso também temos experiência. Podemos, portanto, em conformidade a essa experiência, formar outra definição de causa e chamá-la *um objeto seguido por outro, e cuja aparição sempre leva o pensamento àquele outro*. Mas, embora essas definições sejam extraídas de circunstâncias estranhas à causa, não podemos remediar essa inconveniência, ou obter uma definição mais perfeita, que possa indicar essa circunstância na causa, que dê a ela uma conexão com seu efeito. Não temos ideia alguma dessa conexão, nem mesmo qualquer noção distinta do que desejamos conhecer quando tentamos obter uma concepção dela. Dizemos, por exemplo, que a vibração dessa corda é a causa desse som particular. Mas o que queremos dizer com essa afirmação? Ou, *que essa vibração é seguida por esse som, e que todas as vibrações similares foram seguidas por sons similares*, ou, *que essa vibração é seguida por esse som, e que, com base na aparição de um, a mente antecipa os sentidos e forma imediatamente uma ideia do outro*. Podemos considerar a relação de causa e efeito sob uma dessas duas luzes, mas, além disso, não temos ideia alguma dela[16].

Recapitulando, então, os argumentos desta seção: cada ideia é copiada de uma impressão ou percepção precedente, e onde não podemos encontrar qualquer impressão, podemos estar certos de que não há ideia alguma. Em todos os exemplos singulares da operação de corpos ou mentes nada há que produza qualquer impressão, tampouco, consequentemente, algo que possa sugerir qualquer ideia de poder ou conexão necessária. Mas, quando muitos exemplos uniformes aparecem, e o mesmo objeto é sempre seguido pelo mesmo evento, podemos, então, começar a conceber a noção de causa e conexão. *Temos*, portanto, uma nova percepção ou impressão, quer dizer, uma conexão costumeira no pensamento ou imaginação entre um objeto e seu correspondente usual, e essa percepção é o original daquela ideia que buscamos. Pois, quando essa ideia surge de uma série de exemplos similares, e não de um exemplo singular, deve surgir daquela circunstância na qual o número de exemplos difere de cada exemplo individual. Mas essa conexão ou transição costumeira da imaginação é a única circunstância na qual diferem. Em cada outra particularidade são semelhantes. O primeiro exemplo no qual vimos o movimento comunicado pelo choque das duas bolas de bilhar (para retornar a essa ilustração óbvia) é exatamente similar a qualquer exemplo que nos possa, no presente, ocorrer, exceto somente que não podemos, em princípio, *inferir* um evento do outro, o qual somos autorizados a fazer no presente após um curso longo de experiência uniforme. Não sei se você apreenderá prontamente essa reflexão. Receio que, caso multiplicasse as palavras sobre ela, ou a jogasse sob uma variedade de luzes, apenas se tornaria mais obscura e intricada. Em todas as reflexões abstratas há um ponto de vista que, se pudéssemos afortunadamente atingir, iríamos mais adiante na direção da ilustração do tema do que toda a eloquência e expressão copiosa no mundo. Devemos nos esforçar para alcançar esse ponto de vista, e reservar as flores da retórica para temas que são mais adaptados a ela.

# Seção VIII
# Da liberdade e necessidade

**Parte I**

Podemos esperar, razoavelmente, em questões que temos examinado e discutido com grande avidez desde a primeira origem da ciência e filosofia, que o significado de todos os termos, ao menos, devesse estar acordado entre os interlocutores, e que nossas investigações, no curso de dois mil anos, fossem capazes de passar das palavras para o tema verdadeiro e real da controvérsia. Pois, quão fácil pode parecer dar definições exatas dos termos empregados nos argumentos, e tornar essas definições, e não o mero som das palavras, o objeto de futuro estudo e exame? Mas, se considerarmos o tema mais atentamente, poderemos extrair uma conclusão muito oposta. Com base nessa circunstância apenas – a de que uma controvérsia tenha persistido por tanto tempo, e ainda permaneça indecidida –, podemos presumir que exista alguma ambiguidade na expressão, e que os interlocutores vinculem ideias diferentes aos termos empregados nessa controvérsia. Pois, como as faculdades da mente devem ser naturalmente semelhantes em todo indivíduo – de outro modo nada poderia ser mais infrutífero do que argumentarmos ou discutirmos –, seria impossível, se vinculássemos as mesmas ideias aos nossos termos, que pudéssemos por tanto tempo formar opiniões diferentes sobre o mesmo tema, especialmente, quando comunicamos nossas visões e cada um de nós considera todos os aspectos na busca de argumentos que possam nos dar a vitória sobre nossos antagonistas. Sem dúvida, se as pessoas tentassem discutir questões que repousam inteiramente além do alcance da capacidade humana, como aquelas sobre a origem dos mundos, a economia do sistema intelectual ou a região dos espíritos, elas poderiam por muito tempo golpear o ar em suas disputas infrutíferas, e nunca chegar a qualquer conclusão determinada. Mas, se a questão trata de qualquer objeto da vida e da experiência comuns, nada, alguém pensaria, poderia manter a discussão por tanto tempo indecidida, exceto algumas expressões ambíguas que mantêm os antagonistas ainda à distância e os impedem de se enfrentarem.

63  Esse tem sido o caso na questão há muito discutida sobre liberdade e necessidade, e a um grau tão notável que, se não estou muito enganado, verificaremos que todos nós, instruídos e ignorantes, sempre fomos da mesma opinião com relação a esse tema, e que algumas definições inteligíveis encerrariam imediatamente a controvérsia. Reconheço que essa discussão foi tão examinada em todo lugar, e levou filósofos a tal labirinto de sofismas obscuros, que não me admira que leitores sensatos se recusem a dar ouvidos à proposição dessa questão, da qual não podemos esperar instrução nem entretenimento. Mas o estado do argumento proposto aqui talvez possa servir para renovar sua atenção, uma vez que apresenta mais inovação, promete alguma decisão da controvérsia e não perturbará muito seu sossego por qualquer pensamento intricado ou obscuro.

Espero, portanto, tornar aparente que todos nós sempre estivemos de acordo, na doutrina da necessidade e da liberdade, segundo qualquer sentido razoável que possa ser colocado nesses termos; e que toda controvérsia até aqui se tratou meramente de palavras. Começaremos examinando a doutrina da necessidade.

É universalmente aceito que a matéria, em todas as suas operações, é movida por uma força necessária, e que todo efeito natural é, portanto, precisamente determinado pela energia de sua causa, de modo que nenhum outro efeito, nessas circunstâncias particulares, possivelmente resultaria dela. O grau e a direção de todo movimento são, pelas leis da natureza, prescritos com tal exatidão que o choque de dois corpos poderia, como movimento, deslocar uma criatura viva em qualquer outro grau ou direção, ao mesmo tempo que produz seus efeitos reais.

Assim, para formarmos uma ideia justa e precisa de *necessidade*, devemos considerar de onde surge essa ideia, quando a aplicamos à operação dos corpos.

Parece evidente que, se todas as cenas da natureza fossem continuamente modificadas de tal modo que dois eventos não apresentassem qualquer semelhança entre si, mas cada objeto fosse inteiramente novo, sem qualquer parecença com o que quer que tivesse sido visto antes, nesse caso jamais obteríamos a mínima ideia de necessidade ou de uma conexão entre esses objetos. Com base nessa suposição, podemos dizer que um objeto ou evento seguiu de outro, não que foi produzido por outro. A relação de causa e efeito deveria ser completamente desconhecida para nós. As inferências e reflexões sobre as operações da natureza, a partir desse momento, terminariam; e a memória e sentidos permaneceriam os únicos canais pelos quais o conhecimento de qualquer existência real pudesse ter acesso à mente. Portanto, nossa ideia de necessidade e causação surge inteiramente da uniformidade, observável nas operações da natureza, onde objetos similares são constantemente unidos, e a mente é determinada, pelo costume, a inferir um da aparição do outro. Essas duas circunstâncias formam o todo dessa necessidade, que atribuímos à matéria. Além da *conjunção* constante de objetos similares, e da *inferência* constante de um para o outro, não temos noção de qualquer necessidade ou conexão.

Portanto, se parece que permitimos, sem qualquer dúvida ou hesitação, que essas duas circunstâncias ocorram em nossas ações voluntárias, e nas operações da mente, deve seguir-se que todos concordamos com a doutrina da necessidade e que até aqui discutimos meramente por não nos entendermos.

65     Quanto à primeira circunstância, a conjunção constante e regular de eventos similares, podemos nos satisfazer com as seguintes considerações. É universalmente reconhecido que existe uma grande uniformidade entre nossas ações, em todas as nações e épocas, e que a natureza humana permanece ainda a mesma, em seus princípios e operações. Os mesmos motivos sempre produzem as mesmas ações. Os mesmos eventos seguem das mesmas causas. Ambição, avareza, amor-próprio, vaidade, amizade, generosidade, espírito público; essas paixões, misturadas em vários graus e distribuídas na sociedade, desde o início do mundo, foram, e ainda são, a fonte de todas as ações e iniciativas que observamos entre nós. Você conhece as percepções, inclinações e curso de vida dos gregos e romanos? Estude bem o temperamento e ações dos franceses e ingleses. Não se equivocará muito em transferir aos primeiros *a maior parte* das observações que fizeram com relação aos últimos. Somos tão semelhantes, em todos os tempos e lugares, que a história nada acrescenta de novo ou estranho a esse respeito. Seu principal uso é descobrir os princípios constantes e universais da

natureza humana, mostrando-nos em todas as nossas variedades de circunstâncias e situações, e nos fornecendo materiais a partir dos quais podemos formar nossas observações e nos familiarizar com as origens da ação e do comportamento humanos. Esses registros de guerras, intrigas, facções e revoluções são várias coleções de experimentos, pelos quais os políticos ou filósofos da moral estabelecem os princípios de sua ciência, do mesmo modo que médicos ou filósofos da natureza se familiarizam com a natureza das plantas, minerais e outros objetos externos, por meio dos experimentos que fazem sobre eles. A terra, a água e outros elementos examinados por Aristóteles e Hipócrates não são mais similares àqueles que, no presente, encontram-se sob nossa observação do que as pessoas descritas por Políbio e Tácito são para aqueles que agora governam o mundo.

Se uma pessoa, retornando de um país distante, trouxesse-nos uma descrição de pessoas completamente diferentes de qualquer uma que conhecêssemos – pessoas inteiramente desprovidas de avareza, ambição ou vingança, que não conhecessem outro prazer senão o da amizade, generosidade e espírito público – imediatamente, a partir dessas circunstâncias, detectaríamos a falsidade e provaríamos que mente, com a mesma certeza que teríamos caso tivesse recheado sua narrativa com histórias sobre centauros e dragões, milagres e prodígios. E, caso refutássemos qualquer falsificação na história, não poderíamos fazer uso de um argumento mais convincente do que provar que essas ações, atribuídas a qualquer pessoa, são diretamente contrárias ao curso da natureza e que nenhum motivo humano, nessas circunstâncias, jamais poderia induzi-la a uma conduta assim. A veracidade de Quinto Cúrcio deve ser tão suspeita, quando descreve a coragem sobrenatural de Alexandre, pela qual foi impelido a atacar sozinho multidões, do que quando descreve sua força e atividade sobrenatural, pela qual foi capaz de resisti-las. Tão pronta e universalmente reconhecemos uma uniformidade nos motivos e ações humanos quanto nas operações do corpo.

Assim o mesmo se dá com o benefício daquela experiência, adquirida por uma longa vida e uma variedade de atividades práticas, a fim de nos instruir nos princípios da natureza humana e regular nossa conduta futura, bem como a especulação. Por meio desse guia, ascendemos ao conhecimento de nossas inclinações e motivos, a partir de nossas ações, expressões e mesmo gestos; e, uma vez mais, descemos à interpretação de nossas ações a partir do conhecimento de nossos motivos e inclinações. As observações gerais, acumuladas por um curso de experiência, dá-nos o indício da natureza humana, e nos ensina a desvendar suas complexidades. Pretextos e aparências não nos enganam mais. Declarações públicas são tomadas como deturpação especiosa de uma causa. E, embora virtude e honra recebam seu próprio peso e autoridade, esse desinteresse perfeito, tão frequentemente pretendido, nunca é esperado em multidões e grupos, raramente em seus líderes, e escassamente em indivíduos de qualquer posição ou *status*. Mas, caso não houvesse uniformidade nas ações humanas, e se cada experimento desse tipo que pudéssemos fazer fosse irregular e anômalo, seria impossível coletar quaisquer observações gerais sobre nós, e nenhuma experiência, por mais acuradamente processada pela reflexão, serviria a propósito algum. Por que agricultores com mais idade são mais habilidosos em sua vocação do que os jovens iniciantes, senão porque há uma determinada uniformidade na operação do sol, da chuva e da terra em relação à produção de vegetais, e a experiência ensina os praticantes de mais idade as regras pelas quais essa operação é governada e dirigida?

Contudo, não devemos esperar que essa uniformidade das ações humanas chegue a significar que todos nós, nas mesmas circunstâncias, agiremos sempre, precisamente, do mesmo modo, sem levar em conta a diversidade de caracteres, preconceitos e opiniões. Essa uniformidade em cada indivíduo não é encontrada em parte alguma na natureza. Ao contrário, a partir da observação da variedade da conduta em diferentes pessoas, podemos formar uma variedade maior de máximas, que ainda supõem um grau de uniformidade e regularidade.

Os costumes diferem em diferentes épocas e países? Aprendemos, daí, a grande força do costume e da educação, que moldam a mente humana desde sua infância num caráter determinado e estabelecido. O comportamento e a conduta de um sexo diferem muito do outro? É daí que nos familiarizamos com os diferentes caracteres que a natureza imprimiu sobre os sexos e que preserva com constância e regularidade. As ações da mesma pessoa são muito diversificadas nos diferentes períodos de sua vida, da infância à velhice? Isso permite espaço para muitas observações gerais sobre a mudança gradual de nossas percepções e inclinações, e as diferentes máximas que predominam nas diferentes épocas das criaturas humanas. Mesmo os caracteres, que são peculiares a cada indivíduo, têm uma uniformidade em sua influência; de outro modo, nossa familiaridade com as pessoas e nossa observação de sua conduta jamais poderiam nos ensinar suas disposições ou servir para dirigir nosso comportamento em relação a elas.

Admito que seja possível encontrar algumas ações que parecem não ter conexão regular com quaisquer motivos conhecidos e são exceções a todas as medidas de conduta que têm sido estabelecidas para nosso governo. Mas se, voluntariamente, soubermos que juízo deveríamos formar dessas ações irregulares e extraordinárias, poderemos considerar as percepções comumente concebidas com relação a esses eventos irregulares que aparecem no curso da natureza e as operações dos objetos externos. Nem todas as causas são unidas aos seus efeitos usuais com uniformidade semelhante. Artífices, que lidam apenas com a matéria morta, podem se desapontar com seu objetivo, assim como os políticos que dirigem a conduta de agentes sensatos e inteligentes.

As pessoas comuns, que apreendem as coisas de acordo com sua primeira aparição, atribuem a incerteza dos eventos a essa incerteza nas causas que faz com que as últimas muitas vezes falhem em sua usual influência, embora possam não se deparar com impedimento algum em sua operação. Mas os filósofos, observando que, quase em cada parte da natureza está contida uma vasta variedade de origens e princípios que são ocultos, em virtude de serem muito ínfimos ou remotos, verificam que é ao menos possível que a contrariedade dos eventos possa não proceder de uma contingência na causa, mas da operação secreta das causas contrárias. Essa possibilidade é convertida em certeza pela observação adicional, quando eles observam que, sob um exame exato, uma contrariedade de efeitos sempre denuncia uma contrariedade de causas e procede de sua oposição mútua. Uma pessoa simples não pode dar uma razão melhor para um relógio parar do que dizer que comumente não funciona bem. Mas especialistas facilmente percebem que a mesma força na mola ou pêndulo tem sempre a mesma influência nas engrenagens, mas pode talvez falhar em seu efeito usual em razão de um grão de poeira, que interrompe o movimento inteiro. A partir da observação de vários exemplos paralelos, filósofos formam uma máxima segundo a qual a conexão entre todas as causas e efeitos é igualmente necessária, e que sua incerteza aparente em alguns exemplos procede da oposição secreta das causas contrárias.

Assim, por exemplo, no corpo humano, quando os sintomas usuais de saúde ou doença desapontam nossa expectativa – quando medicamentos não funcionam com seus poderes usuais, quando eventos irregulares seguem de uma causa particular –, filósofos e médicos não se surpreendem com o problema; tampouco são tentados a negar, em geral, a necessidade e a uniformidade dos princípios pelos quais a economia animal é conduzida. Eles sabem que um corpo humano é uma máquina poderosa muito complicada; que oculta vários poderes secretos que estão completamente além de nossa compreensão; que para nós deve frequentemente parecer muito incerto em suas operações; e que, portanto, os eventos irregulares que se revelam externamente não podem ser prova de que as leis da natureza não são observadas com a maior regularidade em suas operações e governo internos.

Filósofos, se forem consistentes, devem aplicar o mesmo pensamento às ações e volições de agentes inteligentes. As resoluções mais irregulares e inesperadas das pessoas podem frequentemente ser explicadas por aqueles que conhecem cada circunstância particular de seu caráter e situação. Uma pessoa amável dá uma resposta irritada: "Mas ela está com dor de dente, ou não jantou". Uma pessoa estúpida revela uma alacridade incomum em sua atitude: "Mas ela teve um repentino golpe de sorte". Ou mesmo quando uma ação, como por vezes ocorre, não pode ser particularmente explicada pela própria pessoa ou por outras, sabemos, em geral, que os caracteres das pessoas são, até certo ponto, inconstantes e irregulares. Essa é, de certo modo, um caráter constante da natureza humana, embora seja aplicável, de um modo mais particular, a algumas pessoas que não têm regra determinada para sua conduta, mas procedem de um curso contínuo de capricho e inconstância. Os princípios e motivos internos podem operar de um modo uniforme, apesar dessas aparentes irregularidades, do mesmo modo que os ventos, a chuva, as nuvens e outras variações do clima devem ser governados por princípios estáveis, embora não facilmente descobríveis pela sagacidade e investigação humanas.

69     Assim, parece não apenas que a conjunção entre motivos e ações voluntárias é tão regular e uniforme como a conjunção entre a causa e o efeito em qualquer parte da natureza, mas também que essa conjunção regular tem sido universalmente reconhecida entre nós e nunca foi tema de discussão, na filosofia ou na vida comum. Ora, como é da experiência passada que extraímos todas as inferências sobre o futuro, e concluímos que objetos sempre estiveram unidos, pode parecer supérfluo provar que essa uniformidade experienciada nas ações humanas seja uma fonte da qual extraímos *inferências* sobre elas. Mas, a fim de submeter o argumento a uma variedade maior de luzes, devemos insistir, embora brevemente, nesse último tópico.

    A dependência mútua das pessoas é tão grande em todas as sociedades, que dificilmente uma ação humana é inteiramente completa em si, ou é realizada sem alguma referência às ações de outras, que são necessárias para realizar completamente a intenção da pessoa que age. Artífices mais pobres, que trabalham sozinhos, esperam ao menos a proteção das pessoas magistradas, para lhes garantir o gozo dos frutos de seu trabalho. Ao levarem suas mercadorias ao mercado e oferecerem-nas a um preço razoável, elas esperam encontrar compradores e, com o dinheiro que adquiriram, também serem capazes de contratarem outras pessoas para lhes fornecerem aquelas mercadorias que são necessárias para sua subsistência. À medida que as pessoas estendem suas transações e tornam sua interação com outras mais complicada, sempre incluem em seus esquemas de vida uma variedade maior de ações voluntárias e esperam que essas ações, a partir de seus próprios motivos, cooperem com as suas. Em todas essas conclusões, tiram suas referências da experiência passada, do mesmo modo que fazem com seus argumentos sobre objetos externos, e acreditam firmemente que as pessoas e todos os elementos devem continuar os mesmos em suas operações, como sempre foram. Fabricantes contam com o trabalho das pessoas que empregam e com as ferramentas que utilizam para a execução de tarefas, e ficariam igualmente surpresos caso suas expectativas os desapontassem. Em suma, essa inferência e argumentação experimentais sobre as ações de outras pessoas participam tanto da vida humana que ninguém em momento algum deixa de empregá-las. Assim, não temos razão para afirmar que todos nós sempre concordamos com a doutrina da necessidade, conforme à definição e à explicação precedentes dela?

Filósofos jamais tiveram uma opinião diferente 70 das demais pessoas a esse respeito, sem mencionar que quase toda ação de sua vida supõe essa opinião. Há poucas partes especulativas do aprendizado às quais não seja essencial. O que seria da *história*, caso não tivéssemos uma dependência da veracidade dos historiadores, de acordo com a experiência que tiveram da humanidade? Como a *política* poderia ser uma ciência, se as leis e formas de governo não tivessem uma influência uniforme na sociedade? Onde estariam os fundamentos da *moral*, se os caracteres particulares não tivessem um poder determinado para produzir percepções particulares, e se essas percepções não tivessem uma operação constante sobre as ações? E com que pretensão poderíamos empregar nossa *crítica* a quaisquer poetas ou autores refinados, se não pudéssemos afirmar a conduta e percepções de seus atores, sejam naturais ou não naturais, para tais caracteres e em tais circunstâncias? Parece quase impossível, portanto, envolvermo-nos seja na ciência ou em uma ação de qualquer tipo, sem reconhecermos a doutrina da necessidade, e essa *inferência* dos motivos para as ações voluntárias, dos caracteres à conduta.

E, na verdade, quando consideramos quão apropriadamente evidências *naturais* e *morais* se unem e formam uma única cadeia de argumentos, não teremos escrúpulo algum em admitir que são da mesma natureza e derivaram dos mesmos princípios. Uma pessoa aprisionada, que não possui dinheiro nem importância, descobre a impossibilidade de escapar quando percebe a obstinação dos carcereiros, além das paredes e barras com que está cercada. Em todas as tentativas de se libertar, então, escolhe trabalhar na pedra e no ferro das segundas em vez de na natureza inflexível dos primeiros. A mesma pessoa aprisionada, quando conduzida ao patíbulo, prevê sua morte tão certamente da constância e fidelidade de seus guardas quanto da operação do machado ou da roda. Sua mente percorre uma determinada série de ideias: a recusa dos soldados em consentir em sua fuga, a ação dos executores, a separação da cabeça do corpo, o sangramento, os movimentos convulsivos e morte. Aqui está uma cadeia conectada de causas naturais e ações voluntárias, mas a mente não vê diferença entre elas, ao passar de uma ligação a outra. Tem tanta certeza a respeito do futuro quanto se estivesse conectada aos objetos presentes à memória ou aos sentidos por uma série de causas, unidas pelo que nos contentamos em chamar uma necessidade *física*. A mesma união experienciada tem o mesmo efeito na mente, sejam os objetos unidos, sejam motivos, volição e ações, ou sejam figura e movimento. Podemos mudar os nomes das coisas, mas sua natureza e sua operação no entendimento jamais mudam.

Caso uma pessoa, que sei ser honesta e opulenta, e com quem tenho uma amizade íntima, viesse à minha casa, onde estou cercado de criados, tenho certeza de que não me esfaqueará antes de partir a fim de roubar meu tinteiro de prata, e não suspeito mais desse evento do que da queda da própria casa, que é nova, e solidamente construída e fundada. *Mas ele pode ter sido tomado de um surto repentino e desconhecido...* Também pode ocorrer um terremoto repentino e sacudir e derrubar minha casa ao meu redor. Mudarei, portanto, as suposições. Devo dizer que sei com certeza que ele não colocará sua mão no fogo e a manterá lá até ser consumida. E acho que posso prever este evento com a mesma segurança que aquele: se ele se jogasse da janela e não encontrasse obstáculo algum, não permaneceria um momento sequer suspenso no ar. Nenhuma suspeita de um surto desconhecido pode dar a menor possibilidade para o primeiro evento, que é tão contrário a todos os princípios conhecidos da natureza humana. Ao meio-dia, uma pessoa que deixa sua bolsa cheia de ouro na calçada em Charing-Cross, pode esperar igualmente tanto que voe para longe como uma pena quanto encontrá-la intocada uma hora depois. Mais da metade das reflexões humanas contém inferências de uma natureza similar, acompanhadas de graus de maior ou menor certeza, ajustados à nossa experiência da conduta usual das pessoas em situações particulares.

Frequentemente, reflito sobre qual poderia ser a razão pela qual as pessoas, mesmo que sempre tenham reconhecido sem hesitação a doutrina da necessidade em toda sua prática e pensamento, revelam tamanha relutância em reconhecê-la em palavras, e, em vez disso, mostram uma propensão, em todas as épocas, a professar a opinião contrária. Penso que o tema pode ser explicado do seguinte modo. Se examinarmos as operações do corpo e a produção dos efeitos de suas causas, verificaremos que todas as nossas faculdades jamais podem nos levar mais longe em nosso conhecimento além da observação de que objetos particulares são *constantemente unidos*, e que a mente é levada, por uma *transição costumeira*, da aparição de um para a crença do outro. Mas, embora essa conclusão sobre a ignorância humana seja o resultado do exame mais estrito desse tema, as pessoas ainda têm uma forte tendência a acreditar que penetram mais fundo nos poderes da natureza e percebem algo como uma conexão necessária entre a causa e o efeito. Quando, uma vez mais, voltam suas reflexões para as operações de suas próprias mentes, e não *veem* essa conexão do motivo e da ação, são, assim, aptas a supor que há uma diferença entre os efeitos que resultam da força material e daqueles que surgem do pensamento e inteligência. Mas, uma vez convencidas de que nada conhecemos sobre qualquer tipo de causação além, meramente, da *conjunção constante* de objetos e sua consequente *inferência* da mente de um para o outro, e verificando que é admitida a ocorrência universal dessas duas circunstâncias nas ações voluntárias, podemos ser levados mais facilmente a admitir a mesma necessidade comum a todas as causas. E, embora esse pensamento possa contradizer os sistemas de muitos filósofos, ao atribuir necessidade às determinações da vontade, verificaremos, com base em reflexão, que discordam dele apenas verbalmente, não em sua percepção real. Necessidade, no sentido que aqui é tomada, nunca foi nem jamais pode ser rejeitada por quaisquer filósofos, acho eu. Talvez possamos apenas assumir que a mente pode perceber nas operações da matéria uma conexão adicional entre a causa e o efeito, e uma conexão que não ocorre nas ações voluntárias de entes inteligentes. Ora, se isso é assim ou não, só pode aparecer após exame, e é responsabilidade desses filósofos tornar boa sua asserção, definindo ou descrevendo essa necessidade e indicando-a para nós nas operações das causas materiais.

De fato, pareceria que as pessoas começam no extremo errado dessa questão sobre liberdade e necessidade, quando entram nela examinando as faculdades da alma, a influência do entendimento e as operações da vontade. Seria melhor discutirem primeiro uma questão mais simples, a saber, a das operações do corpo e da matéria bruta não inteligente, e tentarem formar uma ideia de causação e necessidade, além daquela de uma conjunção constante de objetos e da inferência subsequente da mente de uma para a outra. Se, na realidade, essas circunstâncias formam o todo dessa necessidade que concebemos na matéria, e se também reconhecermos universalmente que essas circunstâncias ocorrem nas operações da mente, a discussão se encerra. E, daqui para a frente, deve ser considerada meramente verbal. Mas enquanto quisermos supor precipitadamente que temos uma ideia adicional de necessidade e causação nas operações de objetos externos, ao mesmo tempo em que nada podemos encontrar além dela nas ações voluntárias da mente, não há possibilidade de levar a questão a um resultado determinado, enquanto procedermos com base em uma suposição tão errônea. O único método para nos tirar do erro é ascendermos mais para examinarmos a estreita extensão da ciência quando aplicada a causas materiais e para nos convencermos de que tudo que sabemos delas são a constante conjunção e inferência acima mencionadas. Podemos, talvez, verificar que é com dificuldade que somos induzidos a estabelecer esses limites estreitos ao entendimento humano. Mas podemos depois disso não encontrar dificuldade alguma ao aplicarmos essa doutrina às ações da vontade. Pois, como é evidente que essas têm uma conjunção regular a motivos e circunstâncias e caracteres, e como sempre extraímos inferências de uma para a outra, devemos ser obrigados a reconhecer, verbalmente, essa necessidade, que já admitimos em cada deliberação de nossas vidas e em cada passo de nossa conduta e comportamento[17].

73 Mas, para prosseguir nesse projeto reconciliador com relação à questão da liberdade e da necessidade – a questão mais contenciosa da metafísica, a ciência mais contenciosa –, não serão necessárias muitas palavras para provar que todos nós já concordamos na doutrina da liberdade assim como na da necessidade, e que a discussão inteira, também a esse respeito, tem sido até aqui meramente verbal. Pois o que se quer dizer com liberdade quando aplicada a ações voluntárias? Não podemos, com certeza, querer dizer que as ações têm tão pouca conexão com motivos, inclinações e circunstâncias, que uma não segue, com um determinado grau de uniformidade, da outra, e que uma não fornece inferência alguma pela qual possamos concluir a existência da outra. Pois essas são questões de fato evidentes e reconhecidas. Por liberdade, portanto, podemos querer dizer somente *um poder de agir ou não agir, de acordo com as determinações da vontade*; ou seja, se escolhemos permanecer em repouso, podemos; se escolhemos nos mover, também podemos. Ora, essa liberdade hipotética é universalmente admitida como pertencendo a cada pessoa que não esteja apri-

sionada nem acorrentada. Aqui, portanto, não há tema de discussão.

Qualquer que seja a definição que possamos dar de liberdade, deveríamos ser cuidadosos em observar duas circunstâncias necessárias: *primeiro*, que seja consistente com simples questões de fato; *segundo*, que seja consistente consigo. Se observarmos essas circunstâncias, e tornarmos nossa definição inteligível, estou convencido de que todos nós deveremos encontrar uma opinião com relação a ela.

É universalmente aceito que nada existe sem uma causa de sua existência, e que o acaso, quando estritamente examinado, é meramente uma palavra negativa, e não significa poder real algum que tenha, em qualquer lugar, uma existência na natureza. Mas, afirma-se que algumas causas são necessárias e outras, não. Aqui, portanto, reside a vantagem das definições. Se uma pessoa *definir* uma causa, sem envolver, como parte da definição, uma *conexão necessária* que seja seu efeito, e mostrar distintamente a origem da ideia expressa pela definição, eu prontamente desistirei da controvérsia inteira. Mas, se a explicação precedente do tema for aceita, isso deve ser absolutamente impraticável. Caso os objetos não tivessem uma conjunção regular entre si, jamais conceberíamos qualquer noção de causa e efeito; e essa conjunção regular produz essa inferência do entendimento, que é a única conexão da qual podemos ter de qualquer compreensão. Qualquer pessoa que tente uma definição de causa que exclua essas circunstâncias será obrigada a empregar ou termos ininteligíveis ou aqueles que sejam sinônimos ao termo que tenta definir[18]. E, se a definição mencionada acima for admitida, liberdade, quando oposta a necessidade, não a restrição, é a mesma coisa que acaso, que universalmente se admite não ter existência alguma.

## Parte II

Não há método de argumentação mais comum e, todavia, mais condenável do que, em discussões filosóficas, tentar a refutação de qualquer hipótese por uma alegação de suas consequências perigosas à religião e à moralidade. Quando uma opinião leva a absurdidades, é certamente falsa, mas não é certo que uma opinião seja falsa por ter consequências perigosas. Portanto, esses tópicos devem ser inteiramente evitados pois não servem para a descoberta da verdade, mas somente para tornar odiosa a pessoa antagonista. Comento isso, de um modo geral, sem pretender extrair vantagem alguma. Submeto-me francamente a um exame desse tipo e me arrisco a afirmar que as doutrinas, como explicadas acima, não são só consistentes com a moralidade como também absolutamente essenciais à sua sustentação.

Necessidade pode ser definida de dois modos, de acordo com as duas definições de *causa*, da qual representa uma parte essencial. Consiste ou na conjunção constante de objetos semelhantes ou na inferência do entendimento de um objeto a outro. Ora, necessidade, em ambos esses sentidos (que, na verdade, são, no fundo, o mesmo), tem sido definida, universal embora tacitamente, nas escolas, no púlpito e na vida comum, como pertencendo à vontade humana, e ninguém jamais pretendeu negar que possamos extrair inferências sobre as ações humanas, e que essas inferências sejam baseadas na união experienciada de ações semelhantes com motivos, inclinações e circunstâncias semelhantes. A única particularidade em que talvez possamos diferir é ou nos recusarmos a dar o nome de necessidade a essa propriedade das ações humanas – mas, contanto que o significado seja entendido, espero que a palavra não seja prejudicial – ou sustentarmos ser possível descobrir algo mais nas operações da matéria. Mas isso, devemos reconhecer, pode não ter consequência alguma para a moralidade ou para a religião, independentemente do que possa ser para a filosofia natural ou metafísica. Podemos aqui estar errados em afirmar que não existe ideia de qualquer outra necessidade ou conexão nas ações do corpo, mas, certamente, nada atribuiremos às ações da mente senão o que todos atribuem e devem prontamente admitir. Não alteramos qualquer circunstância no sistema ortodoxo recebido com relação à vontade, mas somente naquilo que concerne aos objetos e causas materiais. Nada, portanto, pode ser mais inocente, ao menos, do que essa doutrina.

Como todas as leis são fundadas em recompensas e punições, supõe-se, como um princípio fundamental, que esses motivos têm uma influência regular e uniforme na mente, e ambos produzem o bem e impedem as más ações. Podemos dar a essa influência o nome que quisermos, mas, como está usualmente unida à ação, deve ser considerada uma *causa* e uma instância dessa necessidade que, aqui, estabelecemos.

O único objeto próprio de ódio ou vingança é uma pessoa ou criatura dotada de pensamento e consciência. E, quando uma pessoa criminosa ou ações injuriosas excitam essa paixão, é somente por sua relação ou conexão com a pessoa. Ações são, por sua própria natureza, temporárias e perecíveis. E, quando não derivam de alguma *causa* no caráter e na disposição da pessoa que a executa, não podem contribuir para sua honra, se boa, nem para sua infâmia, se má. As próprias ações podem ser culpáveis; podem ser contrárias a todas as regras da moralidade e da religião. Mas a pessoa não é responsável por elas, e como não procedem de coisa alguma nela, que seja durável e constante, e nada deixam dessa natureza atrás de si, é impossível que a pessoa possa, por causa delas, tornar-se o objeto de punição ou vingança. Portanto, de acordo com o princípio que nega necessidade e, consequentemente, as causas, uma pessoa é tão pura e imaculada após ter cometido o mais hórrido crime quanto no momento de seu nascimento. Seu caráter não é de modo algum levado em conta em suas ações, uma vez que não derivam dele, e a maldade de umas nunca pode ser usada como uma prova da depravação do outro.

As pessoas não são culpadas por essas ações, uma vez que as executam ignorante e casualmente, quaisquer que sejam suas consequências, pelo simples fato que os princípios dessas ações são somente momentâneos e terminam em si. As pessoas são menos culpadas pelas ações que executam de forma precipitada e sem premeditação do que por aquelas que executam de forma deliberada, pela simples razão de que um temperamento impetuoso, embora uma causa ou princípio constante na mente, opera somente em intervalos, e não afeta o caráter inteiro. Uma vez mais, o arrependimento apaga todo crime se acompanhado de uma reforma da vida e dos hábitos. Isso deve ser explicado pela afirmação de que as ações tornam uma pessoa criminosa meramente quando são provas de princípios criminosos na mente, e quando, por uma alteração desses princípios, elas cessam de ser provas justas, a pessoa cessa igualmente de ser criminosa. Mas, exceto com base na doutrina da necessidade, elas nunca foram provas justas e, consequentemente, a pessoa nunca foi criminosa.

77 Será igualmente fácil provar, e a partir dos mesmos argumentos, que *liberdade*, de acordo com essa definição acima mencionada, com a qual todos concordamos, é também essencial à moralidade, e que nenhuma ação humana, onde é necessária, é suscetível de quaisquer qualidades morais, ou

pode ser o objeto seja de aprovação ou desaprovação. Pois, como as ações são objetos de nossa percepção moral, somente na medida em que são indicações do caráter, paixões e afeições internas, é impossível que possam originar elogio ou culpa, onde não procedem desses princípios, mas são derivadas completamente da violência externa.

Não pretendo ter obviado ou removido todas as objeções a essa teoria, com relação a necessidade e liberdade. Posso prever outras objeções, derivadas de tópicos que não foram tratados aqui. Podemos dizer, por exemplo, que, se as ações voluntárias fossem sujeitas às mesmas leis de necessidade de que as operações da matéria, haveria uma cadeia contínua de causas necessárias, pré-ordenadas e predeterminadas se estendendo da causa original de tudo a cada volição singular de cada criatura humana. Nenhuma contingência em parte alguma do universo, nenhuma indiferença, nenhuma liberdade. Enquanto agimos, somos, ao mesmo tempo, influenciados. O Autor último de nossas volições é o Criador do mundo, quem primeiro conferiu movimento à sua imensa máquina, e colocou todos os entes nessa posição particular, da qual cada evento subsequente, por uma necessidade inevitável, deve resultar. As ações humanas, portanto, ou podem ser isentas de qualquer turpitude moral, quando procedem de uma causa tão boa, ou, caso tenham uma turpitude, devem envolver nosso Criador na mesma culpa, uma vez que é reconhecido como sua causa última e autor. Pois, do mesmo modo que uma pessoa que pôs fogo em uma mina é responsável por todas as consequências, independentemente da cadeia que empregou ser curta ou longa; onde quer que uma cadeia contínua de causas necessárias seja determinada, esse Ente finito ou infinito que produz a primeira é igualmente o autor de todo o resto, e deve arcar com a culpa e obter a aprovação que lhes pertencem. Nossas ideias claras e inalteráveis de moralidade estabelecem essa regra com base em razões inquestionáveis quando examinamos as consequências de qualquer ação humana, e essas razões devem ter uma força ainda maior quando aplicadas às volições e intenções de um Ente infinitamente sábio e poderoso. Ignorância ou impotência podem ser alegadas para criaturas muito limitadas como nós, mas essas imperfeições não têm lugar em nosso Criador. Ele previu, ordenou, intencionou todas essas ações humanas, que tão precipitadamente pronunciamos criminosas. E devemos concluir, portanto, ou que não são criminosas ou que a Deidade, e não nós, é responsável por elas. Mas como ambas essas posições são absurdas e ímpias, segue-se que a doutrina da qual são deduzidas não pode ser verdadeira, estando sujeita a todas as mesmas objeções. Uma consequência absurda, se necessária, prova que a doutrina original é absurda, do mesmo modo que as ações criminosas tornam criminosa a causa original, se a conexão entre elas for necessária e inevitável.

Essa objeção consiste em duas partes, que examinaremos separadamente. *Primeiro*, que, se as ações humanas pudessem ser remontadas, por uma cadeia necessária, até à Deidade, jamais poderiam ser criminosas devido à perfeição infinita desse Ente, do qual são derivadas, e que não pode intencionar senão o que é completamente bom e laudável. Ou, *segundo*, se fossem criminosas, deveríamos retirar o atributo de perfeição que atribuímos à Deidade e reconhecê-la como a autora última da culpa e da turpitude moral em todas as suas criaturas.

A resposta à primeira objeção parece óbvia e convincente. Há muitos filósofos que, após um exame exato de todos os fenômenos da natureza, concluem que o Todo, considerado como um sistema, é, em cada período de sua existência, ordenado com perfeita benevolência, e que a felicidade mais extrema possível resultará, no fim, a todos os entes criados, sem qualquer mistura de mal e miséria positiva ou absoluta. Cada mal físico, dizem eles, representa uma parte essencial desse sistema benevolente, e não pode ser removido, mesmo pela própria Deidade, considerada uma agente sábia, sem dar abertura para um mal maior, ou excluir o bem maior que resultaria dele. A partir dessa teoria, alguns filósofos, e os *estoicos* antigos entre os demais, derivaram um tópico de consolação sob todas as aflições, enquanto ensinavam seus pupilos que esses males, sob os quais trabalhavam, eram, na realidade, bens para o universo, e que para uma visão mais ampla, que pudesse abranger o sistema inteiro da natureza, cada evento se tornava um objeto de alegria e exultação. Mas, embora esse tópico fosse especioso e sublime, em breve revelou-se fraco e inefetivo na prática. Você certamente irritaria mais do que apaziguaria uma pessoa torturada pelas dores da gota se pregasse a ela a retitude daquelas leis gerais que produziram os humores malignos em seu corpo e os levaram pelos canais próprios aos tendões e nervos onde agora excitam esses tormentos agudos. Essas visões mais amplas podem, por um momento, agradar a imaginação de uma pessoa especulativa que se encontra sossegada e em segurança, mas não podem residir com constância em sua mente, mesmo que imperturbada pelas emoções de dor e paixão, muito menos podem manter sua base, quando atacadas por antagonistas poderosos. As afeições fazem um exame mais estreito e natural de seu objeto, e, por uma economia, mais adequada à debilidade das mentes humanas, consideram apenas os entes ao nosso redor, e são influenciadas por esses eventos conforme pareçam bons ou maus ao sistema privado.

80 O caso é o mesmo tanto com o mal *moral* quanto com o mal *físico*. Não podemos, razoavelmente, supor que aquelas considerações remotas, que se mostram tão pouco eficazes em relação a um, terão uma influência mais poderosa com relação ao outro. A mente humana é constituída pela natureza de tal modo que diante da aparição de determinados caracteres, disposições e ações, imediatamente tem a percepção de aprovação ou culpa. Não existem quaisquer emoções mais essenciais à sua estrutura e constituição. Os caracteres que atraem nossa aprovação são principalmente aqueles que contribuem para a paz e a segurança da sociedade, do mesmo modo que os que excitam culpa são principalmente aqueles que tendem ao detrimento e perturbação públicos. Disso, podemos presumir razoavelmente que os sentimentos morais surgem, mediata ou imediatamente, de uma reflexão sobre esses interesses opostos. Que diferença faz se as meditações filosóficas estabelecem uma opinião ou conjectura diferente, se cada coisa está certa em relação ao *todo*, e se as qualidades que perturbam a sociedade são, principalmente, tão benéficas e tão adequadas à intenção fundamental da natureza quanto aquelas que promovem mais diretamente sua felicidade e bem-estar? Serão essas especulações tão remotas e incertas capazes de contrabalançar as percepções que surgem da visão natural e imediata dos objetos? Será que uma pessoa de quem roubam uma determinada soma acha sua exasperação pela perda de algum modo diminuída por aquelas reflexões sublimes? Por que, então, seu ressentimento moral contra o crime deveria ser incompatível com elas? Ou, por que o reconhecimento de uma distinção real entre vício e virtude não deveria ser reconciliável com todos os sistemas especulativos de filosofia, assim como o de uma distinção real entre beleza e deformidade pessoais?

Ambas essas distinções são baseadas nas percepções naturais da mente humana. E essas percepções não devem ser controladas ou alteradas de modo algum por uma teoria ou especulação filosófica.

A *segunda* objeção não admite uma resposta tão fácil e satisfatória. Não é possível explicar distintamente como a Deidade pode ser a causa mediata de todas as ações humanas, sem ser a autora do pecado e da turpitude moral. A mera razão natural e desassistida é incapaz de tratar esses mistérios, e, independentemente do sistema que adoto, vai se envolver em dificuldades inextricáveis, e até em contradições, em cada passo que der com relação a esses tópicos. A tarefa de reconciliar a indiferença e a contingência das ações humanas com a presciência, e de defender decretos absolutos ainda livrando a Deidade da autoria do pecado, provou exceder todo poder da filosofia. Que bom, então, se for sensível à sua temeridade, quando se intromete nesses mistérios sublimes, e saindo de uma cena tão repleta de obscuridades e perplexidades, retornar, com modéstia apropriada, para sua verdadeira e própria província, que é o exame da vida comum, onde encontrará dificuldades suficientes para usar suas investigações, sem se lançar em um oceano tão ilimitado de dúvida, incerteza e contradição!

# Seção IX
# Da razão dos animais

82  Todos os nossos argumentos sobre questões de fato são baseados em uma espécie de *analogia* que nos leva a esperar de uma causa os mesmos eventos que observamos resultarem de causas similares. Onde as causas são inteiramente similares, a analogia é perfeita, e a inferência, extraída dela, é considerada certa e conclusiva. Uma pessoa jamais tem uma dúvida quando vê um pedaço de ferro de que terá peso e coesão das partes, como em todos os outros exemplos que sempre caíram sob essa observação. Mas, quando os objetos não têm uma similaridade exata, a analogia é menos perfeita, e a inferência é menos conclusiva, embora ainda tenha alguma força, em proporção ao grau de similaridade e semelhança. As observações anatômicas formadas sobre um animal são, por essa espécie de pensamento, estendidas a todos os animais, e é certo que, quando provamos que a circulação do sangue, por exemplo, claramente ocorre em uma criatura, como um sapo, ou um peixe, ela forma uma forte presunção de que o mesmo princípio ocorre em todos. Essas observações analógicas podem ser levadas adiante, mesmo a essa ciência da qual estamos agora tratando. E qualquer teoria, pela qual explicamos as operações do entendimento ou a origem e conexão das paixões humanas, adquirirá autoridade adicional se verificarmos que a mesma teoria é necessária para explicar

os mesmos fenômenos em todos os outros animais. Vamos testar isso com relação à hipótese pela qual, no discurso precedente, tentamos explicar todos os argumentos experimentais, e esperamos que esse novo ponto de vista sirva para confirmar nossas observações anteriores.

*Primeiro*, parece evidente que animais, assim como humanos, aprendem muitas coisas com a experiência, e inferem que os mesmos eventos sempre seguirão das mesmas causas. Por esse princípio eles se tornam familiarizados com as propriedades mais óbvias dos objetos externos e, gradualmente, desde seu nascimento, acumulam um conhecimento da natureza do fogo, da água, da terra, das pedras, das alturas, das profundidades etc. e dos efeitos que resultam de sua operação. A ignorância e inexperiência dos jovens são aqui plenamente distinguíveis da astúcia e sagacidade dos idosos, que aprenderam, por longa observação, a evitar o que os machuca e a buscar o que lhes deu conforto e prazer. Um cavalo, que foi acostumado no campo, torna-se familiarizado com a altura própria que pode saltar e nunca tenta o que excede sua força e habilidade. Um galgo idoso confiará a parte mais fatigante da caça aos mais jovens, e se posicionará de modo a encontrar a lebre em seus desvios. As conjecturas que forma nessa ocasião não estão baseadas em outra coisa senão em sua observação e experiência.

Isso é ainda mais evidente a partir dos efeitos da disciplina e educação em animais, aos quais, pela aplicação própria de recompensas e punições, pode ser ensinado qualquer curso de ação, os mais contrários aos seus instintos e propensões. Não é a experiência que torna um cão receoso da dor, quando o ameaçamos ou erguemos o chicote para bater nele? Não é igualmente a experiência que o faz responder ao seu nome e inferir, de um som arbitrário assim, que nos referimos a ele e não aos seus pares, e intencionamos chamá-lo quando pronunciamos seu nome de certo modo e com certo tom e acento?

Em todos esses casos podemos observar que o animal infere um fato além do que afeta imediatamente seus sentidos, e que essa inferência é completamente baseada na experiência passada, quando a criatura espera do objeto presente as mesmas consequências que sempre verificou em sua observação resultarem de objetos similares.

*Segundo*, é impossível que essa inferência sobre o animal possa estar baseada em qualquer processo de argumento ou pensamento, pelo qual conclui que eventos similares devem seguir de objetos similares, e que o curso da natureza será sempre regular em suas operações. Pois, se houvesse na realidade quaisquer argumentos dessa natureza, eles certamente seriam abstrusos demais para a observação desses entendimentos imperfeitos, uma vez que descobri--los e observá-los demandaria o extremo cuidado e atenção de gênios filosóficos. Os animais, portanto, não são guiados nessas inferências pelo pensamento, nem as crianças, nem a maior parte das pessoas em suas ações e conclusões comuns. Nem mesmo os filósofos que em todas as partes ativas da vida são, basicamente, como as pessoas comuns, e governados pelas mesmas máximas. A natureza deve ter fornecido outro princípio de uso e aplicação mais acessíveis e gerais. Uma operação de imensa consequência na vida, como aquela de inferir efeitos de causas, não pode ser confiada ao processo incerto de pensamento e argumentação. Caso isso fosse incerto em relação a nós, parece não admitir dúvida com relação à criação bruta, e uma vez a conclusão sendo firmemente estabelecida na primeira, temos uma forte presunção, a partir de todas as regras de analogia, que deve ser universalmente admitida, sem qualquer exceção ou reserva. É somente o costume que leva os animais, a partir de qualquer objeto que afete seus sentidos, a inferir esse correspondente usual, e a levar sua imaginação da aparição de um a conceber o outro, daquele modo particular que denominamos *crença*. Nenhuma outra explicação pode ser dada sobre essa operação em todas as classes superiores e inferiores de entes sencientes, que caem sob nossa atenção e observação[19].

Mas, embora os animais aprendam boa parte de seu conhecimento da observação, é da mão original da natureza que obtêm outra boa parte, que, em situações normais, excede em muito a parcela de capacidade que possuem, e nas quais melhoram, pouco ou nada, por meio da prática e experiência mais longas. Esses são denominados *instintos*, e são muito suscetíveis de admiração, como algo muito extraordinário e inexplicável por todas as disquisições do entendimento humano. Mas, talvez, nossa admiração cesse ou diminua quando consideramos que o próprio pensamento experimental, que possuímos em comum com os outros animais e do qual depende a conduta inteira da vida, nada é senão uma espécie de instinto ou poder mecânico que atua em nós sem nosso conhecimento, e em suas principais operações não é dirigido por quaisquer relações ou comparações de ideias, como são os objetos próprios de nossas faculdades intelectuais. Embora o instinto seja diferente, ainda é um instinto que nos ensina a evitar o fogo tanto quanto ensina a um pássaro, com exatidão, a arte da incubação e toda a economia e ordem de seu cuidado com a prole.

# Seção X
# Dos milagres

## Parte I

86     Nos escritos do Dr. Tillotson há um argumento contra a *presença real*, que é tão conciso, elegante e forte quanto um argumento pode ser contra uma doutrina tão pouco digna de uma refutação séria. Em toda parte reconhecemos, diz esse erudito prelado, que a autoridade, seja da Escritura ou da tradição, é fundada meramente no testemunho dos apóstolos, que foram testemunhas oculares daqueles milagres de nosso Salvador pelos quais Ele provou sua missão divina. Portanto, nossas evidências para a verdade da religião *cristã* são menores que as evidências para a verdade de nossos sentidos, porque já eram menores mesmo nos primeiros autores de nossa religião; e é evidente que devem diminuir ao passarem deles para seus discípulos. Uma pessoa não pode depositar uma confiança assim em seu testemunho, como no objeto imediato de seus sentidos. Mas uma evidência mais fraca jamais pode destruir uma mais forte; e, portanto, caso a doutrina da presença real tivesse sido alguma vez claramente revelada na Escritura, seria diretamente contrário às regras do pensamento justo dar nosso assentimento a ela. Contradiz o sentido, embora tanto a Escritura como a tradição, sobre os quais deve ser erigida, não tragam consigo essas evidências como sentido; quando são consideradas meramente evidências externas, e não

são acolhidas por todos, pela imediata operação do Espírito Santo.

Nada á tão conveniente como um argumento decisivo desse tipo, que deve ao menos *silenciar* o preconceito e superstição mais arrogantes, e nos libertar de suas solicitações impertinentes. Comprazo-me de ter descoberto um argumento de uma natureza semelhante, que, se justo com as pessoas sábias e instruídas, será uma restrição duradoura a todos os tipos de ilusão supersticiosa, e, consequentemente, útil enquanto o mundo durar. Por muito tempo, em toda história, presumo, os registros de milagres e prodígios serão considerados sagrados e profanos.

Embora a experiência seja nossa única guia no pensamento sobre questões de fato, devemos reconhecer que essa guia não é completamente infalível, mas em alguns casos pode nos levar a erros. Uma pessoa, que em nosso clima esperasse uma condição climática melhor numa semana de *junho* do que numa de *dezembro*, pensaria justamente e de acordo com a experiência. Mas é certo que, no fim, ela poderia estar errada. Contudo, podemos observar que, num caso assim, ela não teria motivo para reclamar da experiência, porque ela comumente nos informa de antemão sobre a incerteza, por essa contrariedade de eventos, que podemos aprender com uma observação diligente. Todos os efeitos seguem, não com certeza semelhante, de suas causas supostas. Em todos os países e épocas verificamos que alguns eventos foram constantemente unidos, outros, mais variáveis e, por vezes, desapontaram nossas expectativas, de modo que, em nossos pensamentos sobre questões de fato, há todos os graus imagináveis de certeza, desde a mais elevada até a mais baixa espécie de evidência moral.

Portanto, uma pessoa sábia ajusta sua crença às evidências. Em conclusões como aquelas baseadas em uma experiência infalível, ela espera pelo evento com o último grau de certeza, e considera sua experiência passada como uma *prova* completa da existência futura daquele evento. Em outros casos, ela procede com mais cautela. Pondera os experimentos opostos, considera que aspecto é apoiado pelo maior número de experimentos, inclina-se para esse aspecto, com dúvida e hesitação, e, quando, por fim, determina seu juízo, as evidências não excedem o que chamamos propriamente *probabilidade*. Toda probabilidade, portanto, supõe uma oposição de experimentos e observações, onde um aspecto prevalece sobre o outro e produz um grau de evidência proporcional à superioridade. Uma centena de exemplos ou experimentos de um lado, e cinquenta de outro, fornecem uma expectativa duvidosa sobre um evento, embora uma centena de experimentos uniformes, com apenas um contraditório, razoavelmente, produzem um grau mais forte de certeza. Em todo caso, devemos contrabalançar os experimentos opostos onde são opostos, e deduzir o menor número do maior, a fim de conhecermos a força exata da evidência superior.

88  Ao aplicarmos esses princípios a um exemplo particular, podemos observar que não há qualquer espécie de pensamento mais comum, mais útil e mesmo necessário à vida humana do que aquele que é derivado do testemunho das pessoas e dos registros de testemunhas e espectadores. Talvez, alguém possa negar que essa espécie de pensamento seja fundada na relação de causa e efeito. Não discutirei uma palavra. Será suficiente observar que nossa certeza em qualquer argumento desse tipo não deriva de outro princípio senão de nossa observação da veracidade do testemunho humano e da conformidade usual de fatos aos relatos de testemunhas. Sendo uma máxima geral que os objetos não têm qual-

quer conexão descobrível juntos, e que todas as inferências que podemos extrair de um para outro são fundadas meramente em nossa experiência de sua conjunção constante e regular, é evidente que não devemos fazer uma exceção a essa máxima em favor do testemunho humano, cuja conexão com qualquer evento parece, em si, tão pouco necessária quanto qualquer outra. Caso a memória não fosse tenaz até certo ponto; não tivéssemos comumente uma inclinação para a verdade e para um princípio de probidade; não fôssemos sensíveis à vergonha, quando descobertos em uma falsidade; veja, se não descobríssemos pela *experiência* que essas fossem qualidades inerentes à natureza humana, jamais colocaríamos a mínima confiança no testemunho humano. Uma pessoa delirante, ou conhecida por falsidade e vilania, não possui qualquer tipo de autoridade sobre nós.

E como as evidências, derivadas de testemunhas e do testemunho humano, são fundadas na experiência passada, variam com a experiência e são consideradas uma *prova* ou uma *probabilidade*, de acordo com a conjunção entre qualquer tipo particular de relato e de objeto que foi considerado constante ou variável. Há uma série de circunstâncias a serem levadas em consideração em todos os juízos desse tipo, e o padrão último pelo qual determinamos todas as discussões que podem surgir sobre eles é sempre derivado da experiência e da observação. Onde essa experiência não é inteiramente uniforme sob nenhum aspecto, é acompanhada de uma contrariedade inevitável em nossos juízos e da mesma oposição e destruição mútua de argumentos como em todos os outros tipos de evidências. Nós, frequentemente, hesitamos sobre os relatos de outros. Contrabalançamos as circunstâncias opostas que provocam alguma dúvida ou incerteza, e, quando descobrimos uma superioridade em algum aspecto, inclinamo-nos a ela; mas ainda com uma diminuição de certeza, proporcional à força de seu antagonista.

Essa contrariedade de evidências, no presente caso, pode ser derivada de várias causas diferentes. Da oposição do testemunho contrário, do caráter ou número das testemunhas, da forma de apresentarem seu testemunho, ou da união de todas essas circunstâncias. Suspeitamos de uma questão de fato quando as testemunhas se contradizem; quando são poucas ou de um caráter duvidoso; quando têm um interesse no que afirmam; quando apresentam seu testemunho com hesitação ou, ao contrário, com asseverações muito violentas. Existem muitas outras particularidades do mesmo tipo que podem diminuir ou destruir a força de um argumento derivado do testemunho humano.

Suponham, por exemplo, que o fato que o testemunho tenta estabelecer participa do extraordinário e do sobrenatural. Nesse caso, as evidências resultantes do testemunho admitem uma diminuição, maior ou menor, proporcional ao fato ser mais ou menos inusual. A razão pela qual damos algum crédito a testemunhas e historiadores não é derivada de qualquer *conexão* que percebamos *a priori* entre testemunho e realidade, mas de estarmos acostumados a verificar uma conformidade entre eles. Porém, quando o fato atestado é um que raramente caiu sob nossa observação, aqui está uma disputa entre duas experiências opostas, na qual uma destrói a outra, até onde sua força vai, e a superior somente pode operar na mente pela força, que permanece. O mesmo princípio da experiência, que nos dá algum grau de certeza no testemunho das testemunhas, dá-nos também, nesse caso, outro grau de certeza contra o fato que tentam estabelecer, de cuja contradição surge necessariamente um contrapeso e a mútua destruição de crença e autoridade.

*"Não acreditaria numa história assim ainda que me fosse contada por* Catão*"* era um dito proverbial em Roma, mesmo durante a vida desse patriota filosófico[20]. A incredulidade de um fato, admitia-se, poderia invalidar uma autoridade tão grande.

O príncipe indiano, que se recusou a acreditar nas primeiras relações sobre os efeitos do gelo, pensou corretamente; e naturalmente exigiu um testemunho muito forte para dar seu assentimento a fatos com os quais não era familiarizado e que se mostraram tão pouco análogos àqueles eventos dos quais tinha experiência constante e uniforme. Embora não fossem contrários à sua experiência, não eram conformes a ela[21].

Mas, a fim de aumentar a probabilidade contra o testemunho das testemunhas, vamos supor que o fato que afirmam, em vez de ser apenas sobrenatural, seja realmente milagroso. E vamos supor também que o testemunho, considerado à parte e em si, seja equivalente a uma prova inteira. Nesse caso, há prova contra prova, no qual a mais forte deve prevalecer, mas ainda com uma diminuição de sua força, proporcional à da sua antagonista.

Um milagre é uma violação das leis da natureza. E, como uma experiência firme e inalterável estabeleceu essas leis, a prova contra um milagre, a partir da própria natureza do fato, é tão inteira quanto qualquer argumento da experiência pode ser imaginado. Por que é mais do que provável que todos nós morremos, que o chumbo não pode, por si, permanecer suspenso no ar, que o fogo consome a madeira e é extinto pela água? Por que esses eventos são conformes às leis da natureza, e é necessária uma violação dessas leis, ou, em outras palavras, um milagre para impedi-los? Nada é considerado um milagre se ocorreu no curso comum da natureza. Não é milagre que uma pessoa, aparentemente em boa saúde, morra de repente, porque temos observado que um tipo de morte assim, embora menos usual do que qualquer outro, frequentemente ocorre. Mas é um milagre que uma pessoa morta volte à vida, porque isso jamais foi observado, em época ou país algum. Deve haver, portanto, uma experiência uniforme contrária a cada evento milagroso, senão o evento não mereceria essa designação. E como uma experiência uniforme equivale a uma prova, há aqui uma *prova* direta e completa da natureza do fato contra a existência de qualquer milagre. Não podemos destruir uma prova assim ou tornar o milagre crível, a não ser por meio de uma prova oposta, que seja superior[22].

91     A consequência simples é (e é uma máxima geral que merece nossa atenção): Que nenhum testemunho é suficiente para estabelecer um milagre, a menos que esse testemunho seja de um tipo tal que sua falsidade seja mais milagrosa do que o fato que tenta estabelecer. E mesmo nesse caso há uma destruição mútua de argumentos, e o superior só nos dá certeza adequada a esse grau de força, que permanece após a dedução do inferior. Quando uma pessoa me diz que viu uma pessoa morta voltar à vida, imediatamente, penso se não seria mais provável que essa pessoa me engane ou esteja enganada, ou se o fato que ela relata realmente ocorreu. Pondero um milagre em relação ao outro. E, de acordo com a superioridade que descubro, pronuncio minha decisão, e sempre rejeito o milagre maior. Se a falsidade do seu testemunho for mais milagrosa do que o evento que ela relata, então, e somente aí, ela pode pretender receber minha crença ou opinião.

## Parte II

92     No pensamento precedente, supusemos que o testemunho, no qual se baseia um milagre, pode equivaler a uma prova inteira, e que a falsi-

dade desse testemunho seria um prodígio real. Mas é fácil mostrar que temos sido muito liberais em nossa concessão, e que jamais houve um evento milagroso estabelecido com base em uma evidência tão plena.

Pois, *primeiro*, na história inteira, não encontraremos qualquer milagre atestado por um número suficiente de pessoas de inquestionável bom-senso, educação e conhecimento capaz de nos assegurar: contra toda ilusão; pessoas de integridade indubitável, de modo a situá-las acima de toda suspeita de qualquer intenção de enganar os outros; pessoas de crédito e reputação aos olhos dos outros, de modo a terem muito a perder no caso de serem descobertas em qualquer falsidade; e que, ao mesmo tempo, atestem fatos, executados de uma forma pública e em uma parte celebrada do mundo, de modo a tornar a descoberta inevitável. Todas essas circunstâncias são necessárias para nos dar uma certeza completa do testemunho humano.

*Segundo*, podemos observar na natureza humana um princípio que, se estritamente analisado, verificaremos diminuir extremamente a certeza que podemos ter do testemunho humano sobre qualquer tipo de prodígio. A máxima, pela qual comumente nos conduzimos em nossos pensamentos, é a de que objetos, dos quais não temos experiência, assemelham-se àqueles dos quais temos; que o que verificaremos ser o mais usual é sempre muito provável; e que, onde há oposição de argumentos, devemos dar a preferência aos que são baseados no maior número de observações passadas. Mas, ao procedermos por essa regra, prontamente rejeitamos qualquer fato que seja inusual e incrível em um grau comum. Todavia, ao irmos mais adiante, a mente nem sempre observa a mesma regra, mas, quando alguma coisa é considerada completamente absurda e milagrosa, prefere admitir mais prontamente um fato assim, com base na descrição dessa mesma circunstância, que deveria destruir toda sua autoridade. A paixão da *surpresa* e do *maravilhamento*, que surgem de milagres, sendo uma emoção agradável, oferece-nos uma tendência perceptível a acreditarmos nesses eventos, dos quais é derivada. E isso vai tão longe que aqueles que não podem desfrutar desse prazer imediatamente, nem podem acreditar naqueles eventos milagrosos, dos quais são informados, ainda assim gostam de participar da satisfação de segunda mão, ou indireta, e reconhecem um orgulho e prazer em excitar a admiração de outros.

Com que avidez são recebidas dos viajantes suas descrições milagrosas, suas descrições de monstros marinhos e terrestres, suas narrativas de aventuras maravilhosas, pessoas estranhas e de modos incivilizados? Mas se o espírito da religião se junta ao amor pelo maravilhamento, há um fim de senso comum, e o testemunho humano, nessas circunstâncias, perde todas as pretensões à autoridade. Uma pessoa religionista pode ser uma entusiasta, e imagine ver o que não tem realidade. Ela pode saber que sua narrativa é falsa e ainda assim perseverar nela, com as melhores intenções do mundo, em prol da promoção de uma causa sagrada. Ou mesmo onde essa ilusão não ocorre, a vaidade, excitada por uma tentação tão forte, opera nela mais poderosamente do que o restante das pessoas em outras circunstâncias; e o autointeresse com igual força. As pessoas que as ouvem podem não ter, e comumente não têm, discernimento suficiente para examinar sua evidência. O discernimento que têm elas renunciam por princípio nesses temas sublimes e misteriosos. Ou, caso estivessem muito dispostas a empregá-lo, a paixão e uma imaginação excitada perturbam a regularidade de suas operações. Sua credulidade aumenta sua impudência, e essa subjuga aquela.

A eloquência, quando em seu tom mais elevado, deixa pouco espaço para razão ou reflexão. Mas, dedicar-se inteiramente à fantasia ou às afeições cativa ouvintes ávidos e subjuga seu entendimento. Felizmente, esse tom raramente é atingido. Mas o que um Túlio ou um Demóstenes puderam fazer em uma audiência *romana* ou *ateniense*, cada capuchino, cada educador itinerante ou fixo pode conseguir com a maior parte das pessoas e em um grau mais elevado, ao tocarem essas paixões não refinadas e comuns.

Os vários exemplos de milagres forjados, de profecias e eventos sobrenaturais que, em todas as épocas, foram detectados por evidências contrárias ou por sua absurdidade, provam suficientemente a forte propensão das pessoas para o extraordinário e maravilhoso, e devem razoavelmente produzir uma suspeita contra todas as narrativas desse tipo. Esse é nosso modo natural de pensar, mesmo com relação aos eventos mais comuns e críveis. Por exemplo, não há um tipo de relato que surge tão facilmente e se espalha tão rapidamente, especialmente em comunidades do interior e cidades provinciais, como aqueles sobre casamentos, a ponto de dois jovens de igual condição jamais terem se visto duas vezes, mas a vizinhança inteira os pôr juntos. O prazer de contar uma notícia tão interessante, de propagá-la e de serem os primeiros a reportá-la, espalha a informação. E sabemos bem que nenhuma pessoa de bom-senso dá atenção a esses relatos até os ver confirmados por alguma evidência maior. As mesmas paixões, e outras ainda mais fortes, não levam a maioria das pessoas a acreditar e a relatar, com a maior veemência e certeza, todos os milagres religiosos?

*Terceiro*, ele forma uma forte presunção contra todas as narrativas sobrenaturais e milagrosas, que são vistas abundarem principalmente entre nações ignorantes e bárbaras; ou, se um povo civilizado jamais deu acesso a nenhuma delas, verificaremos que esse povo as recebeu de ancestrais ignorantes e bárbaros, que as transmitiram com aquela sanção e autoridade invioláveis, que sempre acompanham opiniões recebidas. Quando examinamos as primeiras histórias de todas as nações conseguimos nos imaginar transportados para um novo mundo, onde a estrutura inteira da natureza é desarticulada, e cada elemento realiza suas operações de um modo diferente do atual. Batalhas, revoluções, pestilência, fome e morte nunca são o efeito daquelas causas naturais que experienciamos. Prodígios, augúrios, oráculos, juízos obscurecem muito os poucos eventos naturais que são entremeados a eles. Mas, à medida que os primeiros diminuem a cada página, na proporção em que nos aproximamos mais das eras de esclarecimento, em breve aprendemos que nada há de misterioso ou sobrenatural no caso, mas que tudo procede da usual propensão das pessoas para o maravilhoso, e que, embora essa inclinação possa de tempos em tempos receber uma restrição do discernimento e do conhecimento, nunca pode ser completamente extirpada da natureza humana.

Ao examinarem esses maravilhosos historiadores, leitores judiciosos podem dizer: É estranho que esses eventos prodigiosos jamais aconteçam em nossos dias. Mas nada há de estranho, espero, em que as pessoas mintam em todas as épocas. Você, certamente, já viu exemplos suficientes dessa fragilidade. Já ouviu muitas dessas narrativas maravilhosas começarem, as quais, sendo tratadas com desdém por todas as pessoas sábias e judiciosas, foram por fim abandonadas, inclusive pelas pessoas comuns. Tenha a certeza de que aquelas mentiras famosas, que se espalharam e assumiram essa proporção monstruosa, surgiram de origens semelhantes, mas, sendo semeadas em um solo mais próprio, transformaram-se em prodígios iguais àqueles que relatam.

Era uma prática sábia daquele falso profeta, Alexandre, que, embora agora esquecido, foi outrora muito famoso, a de situar a primeira cena de suas imposturas na Paflagônia, onde, como Luciano nos diz, as pessoas eram extremamente ignorantes e estúpidas, e prontas a acreditar mesmo na mais grosseira ilusão. Pessoas distantes, que são fracas o bastante para pensar que o tema merece de algum modo investigação, não têm oportunidade de receber informações melhores. As histórias lhes chegam magnificadas por uma centena de circunstâncias. Pessoas tolas são habilidosas em propagar a impostura, enquanto as sábias e instruídas se contentam, em geral, em zombar de sua absurdidade, sem se informar sobre os fatos particulares pelos quais podem ser distintamente refutados. E, portanto, o impostor acima mencionado foi autorizado a prosseguir, por seus paflagonianos ignorantes, no recrutamento de adeptos, mesmo entre os filósofos gregos e pessoas de *status* e distinção eminentes em Roma. Mais do que isso, conseguiu chamar a atenção daquele sábio Imperador Marco Aurélio, a ponto de ele ter confiado o sucesso de uma expedição militar às suas profecias ilusórias.

As vantagens de começar uma impostura entre um povo ignorante são tão grandes que, mesmo que a ilusão seja muito grosseira para impor à maior parte das pessoas (*o que, ainda que raro, por vezes ocorre*), tem uma chance muito melhor de sucesso em países remotos do que se a primeira cena tivesse sido situada em uma cidade famosa pelas artes e conhecimento. Os mais ignorantes e bárbaros desses bárbaros levam o relato para o exterior. Nenhum de seus compatriotas tem uma grande consistência, ou suficiente crédito e autoridade, para contradizer e derrubar a ilusão. A inclinação das pessoas para o maravilhoso tem uma oportunidade completa para se mostrar. E, assim, uma história que é universalmente desacreditada no lugar em que iniciou, passará por certa a milhares de quilômetros de distância. Mas, se Alexandre tivesse fixado sua residência em Atenas, os filósofos desse famoso mercado de conhecimento teriam imediatamente espalhado, ao longo de todo Império Romano, sua percepção sobre o tema, que, sendo apoiado por tão grande autoridade, e exibido por toda a força da razão e eloquência, teria aberto inteiramente os olhos das pessoas. De fato, Luciano, passando por acaso pela Paflagônia, teve uma oportunidade de realizar essa boa ação. Mas, embora muito desejável, nem sempre ocorre de todo Alexandre se encontrar com um Luciano, pronto para expor e revelar imposturas.

95     Posso acrescentar uma *quarta* razão que diminui a autoridade de prodígios, a saber, a de que não há testemunho para qualquer um deles, mesmo para aqueles que não foram expressamente revelados, que não tenha sido contrariado por um número infinito de testemunhas, de modo que o milagre destrói não apenas o crédito do testemunho como também a si. Para tornar essa ideia mais clara, vamos considerar que, em temas de religião, o que quer que seja diferente é contrário, e que é impossível que as religiões da Roma antiga, Turquia, Sião e China sejam todas estabelecidas em alguma base sólida. Como seu escopo direto é estabelecer o sistema particular ao qual é atribuído, todo milagre, supostamente forjado em qualquer uma dessas religiões (e todas abundam em milagres), portanto, tem a mesma força, embora mais indiretamente, para depor qualquer outro sistema. Ao destruir um sistema rival, igualmente destrói o crédito daqueles milagres nos quais esse sistema foi estabelecido, de modo que todos os prodígios das diferentes religiões devem ser considerados como fatos contrários, e, as evidências desses prodígios, sejam fracas ou fortes, como opos-

tas entre si. De acordo com esse método de pensamento, quando acreditamos em qualquer milagre de Maomé ou de seus sucessores, temos, para nossa garantia, o testemunho de alguns árabes bárbaros. E, por outro lado, temos de considerar a autoridade de Tito Lívio, Plutarco, Tácito e, em suma, de todos os autores e testemunhas gregos, chineses e católicos romanos que relataram algum milagre em sua religião particular. Veja, temos de considerar seu testemunho sob a mesma luz em que consideraríamos caso tivessem mencionado esse milagre maometano, e o tivessem refutado em termos expressos, com a mesma certeza que têm quanto ao milagre que relatam. Esse argumento pode parecer demasiadamente sutil e refinado, mas não é em realidade diferente do pensamento de juízes, que supõem que o crédito de duas testemunhas, que acusam uma pessoa de um crime, é destruído pelo testemunho de duas outras, que afirmam que a acusada estava duas centenas de quilômetros de distância no mesmo instante em que dizem que o crime foi cometido.

Um dos milagres mais bem confirmados em toda história profana é aquele que Tácito relata sobre Vespasiano, que, em Alexandria, curou um cego com seu cuspe e um aleijado com o mero toque de seu pé, obedecendo a uma visão do deus Serápis, que os havia instruído a recorrerem ao imperador para essas curas milagrosas. A história pode ser vista no trabalho daquele ótimo historiador[23], onde cada circunstância parece acrescentar peso ao testemunho, e pode ser exibida como um todo com toda a força do argumento e eloquência, caso alguém agora quisesse impor as evidências dessa superstição desacreditada e idólatra: o grande imperador, de gravidade, solidez, idade e probidade, que, ao longo do curso inteiro de sua vida, conversou de um modo familiar com seus amigos e cortesões, e nunca ostentou aqueles ares extraordinários de divindade assumidos por Alexandre e Demétrio; o historiador, um escritor contemporâneo, famoso por sua candura e veracidade, além do maior e mais penetrante gênio, talvez, de toda a Antiguidade, e tão livre de qualquer tendência a credulidade, que até mesmo se encontra sob a imputação contrária de ateísmo e secularismo; as pessoas, de cuja autoridade relatou o milagre, de caráter conhecido pelo juízo e pela veracidade, como podemos bem presumir, testemunhas do fato e confirmando seu testemunho, após a família flaviana ter sido destituída do império, e não poder mais dar qualquer recompensa, como o preço de uma mentira. *Utrumque, qui interfuere, nunc quoque memorant, postquam nullum mendacio pretium.* Ao que, se acrescentarmos a natureza pública dos fatos, como relatados, parecerá que nenhuma evidência pode ser considerada mais forte para uma falsidade tão grosseira e palpável.

Há também uma história memorável relatada pelo Cardeal De Retz, que bem pode merecer nossa consideração. Quando esse intrigante político fugiu para a Espanha, para evitar a perseguição de seus inimigos, passou por Saragoça, a capital de Aragão, onde lhe mostraram um homem, na catedral, que havia trabalhado sete anos como porteiro e era bem conhecido por todos na cidade, e que sempre havia frequentado aquela igreja. Por muito tempo fora visto sem uma perna, tendo recuperado esse membro esfregando óleo sagrado sobre o coto. E o cardeal lhe garante tê-lo visto com duas pernas. Esse milagre foi confirmado pelos cânones da igreja. E todos na cidade, instados a confirmar o fato, foram considerados pelo cardeal, por sua zelosa devoção, completamente crentes no milagre. Aqui, o relator também era contemporâneo ao suposto prodígio, e de um caráter incrédulo e libertino, assim como de grande gênio. O milagre, de uma natureza tão singular que mal podia admitir uma falsificação, e os testemunhos muito numerosos, e todos, de certo modo, espectadores do fato, do qual deram seu testemunho. E o que acrescenta muito à força das evidências, e pode dobrar nossa surpresa nessa ocasião, é que o próprio cardeal, que relata a história, parece não dar qualquer crédito a ela, e consequentemente não pode ser suspeito de qualquer participação na fraude sagrada. Ele considerava justamente que não era necessário, a fim de rejeitar um fato dessa natureza, ser capaz de refutar acuradamente o testemunho e de verificar sua falsidade em todas as circunstâncias de vilania e credulidade que o produziram. Ele sabia que isso, em geral, era tão completamente impossível em qualquer pequena distância de espaço e tempo quanto também era extremamente difícil, mesmo onde alguém estivesse imediatamente presente, em razão de preconceito, ignorância e velhacaria de uma grande parte das pessoas. Portanto, concluiu, como um pensador justo, que uma evidência assim trazia a falsidade estampada em sua face, e que um milagre, apoiado por qualquer testemunho humano, era mais apropriadamente um tema de escárnio do que de argumento.

Certamente, nunca houve um número maior de milagres atribuídos a uma pessoa do que aqueles que foram posteriormente forjados na França sob o túmulo do abade Paris, o famoso *jansenista*, sobre cuja santidade as pessoas estiveram por tanto tempo enganadas. A cura de doentes, dar audição para surdos e visão aos cegos eram em todo lugar considerados os efeitos usuais daquele Santo Sepulcro. Mas, o que é mais extraordinário, muitos dos milagres foram imediatamente provados diante de juízes de inquestionável integridade, confirmados por testemunhas de crédito e distinção, em uma época instruída, e na arena mais eminente que encontramos agora no mundo. Mas isso não é tudo. Uma narrativa deles foi publicada e difundida em toda parte. Os jesuítas, embora um grupo instruído, apoiado pelo magistrado civil, e inimigos determinados daquelas opiniões, em benefício dos quais os milagres teriam sido forjados, jamais foram capazes de distintamente refutá-los ou revelá-los[24]. Onde encontraremos uma série de circunstâncias como essa aceitando a corroboração de um fato? E o que temos para opor a uma multidão de testemunhas como essa, senão a absoluta impossibilidade ou natureza milagrosa dos eventos que relatam? E isso, certamente, aos olhos de todas as pessoas razoáveis, será considerado sozinho como uma refutação suficiente.

97      Porque um testemunho humano tem a força e a autoridade extremas em alguns casos – quando relata a batalha de Felipe ou de Farsália, por exemplo –, é justa a consequência de que, portanto, todos os tipos de testemunho devem, em todos os casos, ter igual força e autoridade? Suponha que facções cesareanas e pompeianas tivessem, cada uma, alegado a vitória nessas batalhas, e que os historiadores de cada parte tivessem uniformemente atribuído a vantagem ao seu próprio lado. Como poderíamos, a essa distância, ter sido capazes de determinar entre elas? A contrariedade é igualmente forte entre os milagres relatados por Heródoto ou Plutarco, bem como aqueles relatados por Mariana, Beda ou qualquer historiador monge.

Os sábios conferem uma fé muito acadêmica a todo relato que favorece a paixão dos relatores, quer magnifiquem seu país, sua família ou a si, quer se conformem a suas inclinações e propensões naturais de qualquer outro modo. Mas que tentação maior do que parecermos missionários, profetas, embaixadores dos céus? Quem não enfrentaria muitos perigos e dificuldades a fim de obter um caráter tão sublime? Ou se, com a ajuda da vaidade e de uma imaginação excitada, uma pessoa se convertesse pela primeira vez e ingressasse seriamente na ilusão, quem hesitaria em fazer uso de fraudes religiosas em apoio a uma causa tão sagrada e meritória?

A menor fagulha aqui acende a maior chama, porque os materiais são sempre preparados para ela. As *avidum genus auricularum*[25], as massas contemplativas, recebem avidamente, sem exame, o que quer que mitigue a superstição e promova o maravilhamento.

Quantas histórias dessa natureza foram, em todas as épocas, reveladas e desacreditadas em sua infância? Quantas mais foram celebradas por um tempo, e, depois, afundaram na negligência e esquecimento? Portanto, onde esses relatos circulam, a solução dos fenômenos é óbvia; e julgamos em conformidade com a experiência e observação regulares, quando os explicamos pelos princípios conhecidos e naturais de credulidade e ilusão. E, em vez de um recurso a uma solução tão natural, devemos permitir uma violação milagrosa das leis mais estabelecidas da natureza?

Não tenho de mencionar a dificuldade de detectar uma falsidade em qualquer história privada ou mesmo pública, no lugar onde é dita acontecer, ainda mais quando a cena é removida para uma distância assim tão pequena. Mesmo uma corte de magistratura, com a autoridade, acurácia e juízo que pode empregar, muitas vezes se encontra confusa para distinguir entre a verdade e a falsidade nas ações mais recentes. Mas o tema nunca chega a resultado algum, caso seja confiado ao método comum de altercação e debate e rumores circulantes, especialmente quando as paixões humanas participam de cada lado.

Na infância de novas religiões, os sábios e instruídos comumente consideram o tema muito insignificante para merecer sua atenção ou consideração. E, depois, quando voluntariamente detectam a trapaça, a fim de desenganar a multidão iludida, já é tarde, e os registros e testemunhas, que poderiam esclarecer o tema, pereceram irreversivelmente.

Nenhum meio de detecção permanece senão aqueles que devem ser extraídos do próprio testemunho dos relatores, e esses, embora sempre adequados aos judiciosos e conhecedores, são comumente muito superiores para serem compreendidos pelas pessoas comuns.

98 De um modo geral, então, parece que nenhum testemunho para nenhum tipo de milagre jamais equivaleu a uma probabilidade, muito menos a uma prova. E que, mesmo supondo que equivalesse a uma prova, seria oposto a outra prova, derivada da própria natureza do fato, que tentaria estabelecer. É somente a experiência que dá autoridade ao testemunho humano, e é a mesma experiência que nos assegura das leis da natureza. Quando, portanto, esses dois tipos de experiência são contrários, nada temos senão o substrato de um a partir do outro, e adotamos uma opinião, seja de um lado ou do outro, com aquela segurança que surge do restante. Mas, de acordo com o princípio aqui explicado, essa subtração, com relação a todas as religiões populares, equivale a uma inteira aniquilação, e, portanto, podemos estabelecer como uma máxima que nenhum testemunho humano pode ter tamanha força para provar um milagre e torná-lo uma base justa para qualquer sistema de religião assim.

99 Peço para que as limitações feitas aqui possam ser levadas em conta quando digo que um milagre nunca pode ser provado, de modo a ser a fundação de um sistema de religião. Pois admito

que, de outro modo, possam existir milagres, ou violações do curso usual da natureza, de um tipo que admita prova do testemunho humano. Porém, talvez seja impossível encontrar algo assim em todos os registros da história. Portanto, suponha que todos os autores em todas as línguas concordem que a partir de 1º de janeiro de 1600 houve uma escuridão total sobre a Terra inteira por oitenta dias; que a tradição desse extraordinário evento ainda seja forte e vívida entre as pessoas; e que todos os viajantes, que retornam de países estrangeiros nos tragam descrições da mesma tradição, sem a menor variação ou contradição. É evidente que nossos filósofos atuais, em vez de duvidar do fato, devem recebê-lo como certo, e devem buscar pelas causas de onde pode ser derivado. A decadência, corrupção e dissolução da natureza são eventos que se tornam prováveis por tantas analogias que qualquer fenômeno que parece ter uma tendência para essa catástrofe encontra-se no âmbito do testemunho humano, se esse testemunho for muito extenso e uniforme.

Mas suponha que todos os historiadores que tratam da Inglaterra estivessem de acordo que em 1º de janeiro de 1600 a Rainha Elizabeth tivesse morrido; que antes e depois de sua morte ela tivesse sido vista por seus médicos e por toda corte, como é usual com pessoas de seu *status*; que sua sucessão fosse reconhecida e proclamada pelo parlamento; e que, depois de um mês enterrada, ela reaparecesse novamente, retomasse o trono e governasse a Inglaterra por três anos. Devo confessar que ficaria surpreso diante da coincidência de tantas circunstâncias estranhas, mas não teria a menor inclinação para acreditar em um evento tão milagroso. Não duvidaria de sua pretensa morte e de todas as outras circunstâncias públicas que seguiram dela. Apenas afirmaria ter sido pretensa, e que nem foi nem poderia ser real.

Você, em vão, contestaria a dificuldade e quase impossibilidade de enganar o mundo em um assunto dessa consequência; a sabedoria e juízo sólido daquela famosa rainha; a pouca ou nenhuma vantagem que poderia obter de um artifício tão pobre. Tudo isso poderia me surpreender, mas ainda respondo que a vilania e a loucura das pessoas são fenômenos tão comuns, que eu prefiro acreditar que os eventos mais extraordinários surgem de sua coincidência, em vez de admitir uma violação tão notável das leis da natureza.

Mas se esse milagre fosse atribuído a algum sistema novo de religião, as pessoas, em todas as épocas, seriam tão exploradas por histórias ridículas desse tipo que essa própria circunstância seria uma prova completa de uma trapaça, e suficiente para todas as pessoas sensatas, não apenas para fazê-las rejeitarem o fato como também rejeitá-lo sem exame posterior. Embora o Ente ao qual o milagre é atribuído seja, nesse caso, o Todo-poderoso, com base nessa descrição, não se torna de modo algum mais provável, uma vez que nos é impossível conhecer os atributos ou ações desse Ente, senão pela experiência que temos de suas criações, no curso usual da natureza. Isso ainda nos reduz à observação passada, e nos obriga a comparar os exemplos da violação da verdade no testemunho das pessoas com os da violação das leis da natureza pelos milagres, a fim de julgar qual deles é mais provável. Como as violações da verdade são mais comuns no testemunho sobre milagres religiosos do que naqueles sobre qualquer outra questão de fato, isso deve diminuir muito a autoridade do primeiro testemunho e nos levar à resolução geral de nunca conceder qualquer atenção a ele, com qualquer pretensão especiosa de que possa ser coberto.

Lorde Bacon parece ter adotado os mesmos princípios de pensamento. Devemos, diz ele, fazer uma coleção ou história particular dos nascimentos ou produções de todos os monstros e prodígios, e, em suma, de cada coisa nova, rara e extraordinária na natureza. Mas isso deve ser feito com o mais severo exame, para evitar que nos afastemos da verdade. Sobretudo, cada narrativa deve ser considerada suspeita, o que depende em algum grau da religião, como os prodígios de Livy; e o mesmo deve ser feito com tudo que for encontrado nos escritores de magia natural ou alquimia, ou em todos os autores que pareçam ter um apetite insaciável pela falsidade e invenção[26].

Estou mais satisfeito com o método de pensamento apresentado aqui, pois penso que pode servir para confundir aqueles amigos poderosos ou inimigos disfarçados da *religião cristã*, que assumiram a tarefa de defendê-la pelos princípios da razão humana. Nossa religião mais sagrada é baseada na *fé*, não na razão. E submetê-la a uma prova assim, que ela não pode de modo algum suportar, é um método claro de expô-la. Para tornar isso mais evidente, vamos examinar aqueles milagres relatados na Escritura e, para não nos perdermos em um campo muito amplo, vamos nos confinar àqueles que encontramos no *Pentateuco*, que examinaremos, de acordo com os princípios desses pretensos cristãos, não como a palavra ou testemunho de Deus, mas como a produção de meros escritores e historiadores humanos. Aqui, portanto, iremos considerar, primeiro, um livro que nos foi apresentado por um povo bárbaro e ignorante, escrito em uma época em que eram ainda mais bárbaros, e muito provavelmente um longo tempo depois dos fatos que relata, sem corroboração de qualquer testemunho, e se assemelhando àquelas descrições fabulosas que cada nação faz de sua origem. Ao lermos esse livro, verificamos que é cheio de prodígios e milagres. Apresenta uma narrativa de um estado do mundo e da natureza humana inteiramente diferente do presente: de nossa saída daquele estado; da era humana, estendida a aproximadamente mil anos; da destruição do mundo por uma inundação; da escolha arbitrária de um povo como o favorito dos céus; e daquele ao qual pertencem os autores; de sua libertação da escravidão pelos prodígios mais surpreendentes imagináveis. Gostaria que alguém pusesse sua mão sobre seu coração e, após uma séria consideração, declarasse se acredita que a falsidade de um livro assim, apoiada por um tal testemunho, seria mais extraordinária e milagrosa do que todos os milagres que relata, o que é, contudo, necessário para fazer com que seja aceito, de acordo com as medidas de probabilidade acima estabelecidas.

101     O que dissemos sobre milagres pode ser aplicado, sem qualquer variação, às profecias. E, na verdade, todas as profecias são milagres reais e, como tais, somente elas podem ser admitidas como provas de alguma revelação. Se não excedessem a capacidade da natureza humana de prever eventos futuros, seria absurdo empregar qualquer profecia como um argumento para uma missão divina ou autoridade dos céus. Assim, com base no todo, podemos concluir que a *religião cristã* não somente foi, no início, acompanhada por milagres como, mesmo hoje, sem eles, não pode ser objeto de crença de qualquer pessoa razoável. A mera razão é insuficiente para nos convencer de sua veracidade. E, quem quer que seja movido pela *fé* a assentir nela, é consciente de um milagre contínuo em sua pessoa, que subverte todos os princípios de seu entendimento, e lhe dá uma determinação a acreditar no que é mais contrário ao costume e à experiência.

# Seção XI
# De uma providência particular e de um estado futuro

Recentemente, tive uma conversa com um amigo que gosta muito de paradoxos céticos, na qual propôs muitos princípios que, de modo algum, posso aprovar. Mas, como parecem interessantes e apresentam alguma relação com a cadeia de argumentos que desenvolvemos ao longo desta investigação, vou reproduzi-los aqui, a partir da minha memória, tão acuradamente quanto puder, a fim de submetê-los ao julgamento dos leitores.

Nossa conversa começou com minha admiração pela boa sorte da filosofia, que, como exige inteira liberdade sobre todos os outros privilégios, e prospera principalmente a partir da livre-oposição de percepções e argumentação, recebeu seu primeiro nascimento em uma época e país de liberdade e tolerância, e nunca foi restringida, mesmo em seus princípios mais extravagantes, por qualquer credo, confissão ou estatuto penal. Pois, com exceção do banimento de Protágoras e da morte de Sócrates, a qual resultou parcialmente de outros motivos, encontramos poucos exemplos, na história antiga, dessa inveja preconceituosa, da qual a época atual está tão infestada. Epicuro viveu em Atenas até uma idade avançada, em paz e tranquilidade. Aos epicureus[27] inclusive concediam caráter sacerdotal, e eram autorizados a oficiar no altar durante os rituais mais sagrados da religião estabelecida. E o incentivo[28] público de pensões e salários era pago igualmente, pelo mais sábio de todos os imperadores romanos[29], aos professores de cada seita de filosofia. Compreenderemos, facilmente, quão necessário era esse tipo de tratamento para a filosofia, em sua juventude, se refletirmos que ela, mesmo no presente, em que podemos considerá-la mais forte e robusta, enfrenta com muita dificuldade a inclemência das estações e aqueles ventos implacáveis da calúnia e perseguição que sopram sobre ela.

Tu admiras, diz meu amigo, a boa sorte singular da filosofia, que parece resultar do curso natural das coisas e ser inevitável em cada época e nação. Esse preconceito pertinaz, do qual reclamas como tão fatal à filosofia, é realmente cria sua, que, após se aliar à superstição, separa-se inteiramente do interesse de sua mãe, e se torna sua inimiga mais inveterada e opressora. Dogmas especulativos da religião, motivos presentes dessa furiosa discussão, não poderiam ser concebidos ou admitidos nos primeiros tempos do mundo, quando a humanidade, completamente ignorante, formava uma ideia de religião mais adequada à sua fraca apreensão, e basicamente compunha seus preceitos sagrados com essas histórias, que eram objetos de crença tradicional mais do que de argumento ou discussão. Portanto, após findo o primeiro alarme, que surgiu dos novos paradoxos e princípios dos filósofos, esses professores parecem, mesmo depois, durante os tempos antigos, ter vivido em grande harmonia com a superstição estabelecida, e terem feito entre eles uma divisão justa da humanidade, com a primeira reivindicando todas as pessoas instruídas e sábias, e a segunda possuindo todas as comuns e ignorantes.

Parece, então, eu digo, que deixas a política inteiramente fora da questão, e nunca supõe que sábios magistrados possam justamente ter inveja de alguns preceitos da filosofia, como os de Epicuro, que, negando uma existência divina, e, consequentemente, uma providência e um estado futuro, parecem afrouxar, em grande medida, os vínculos da moralidade, e podem ser considerados, por essa razão, perniciosos à paz da sociedade civil.

Eu sei, respondeu ele, que, de fato, essas censuras nunca, em época alguma, procederam da razão calma, ou da experiência das consequências perniciosas da filosofia, mas surgiram inteiramente das paixões e preconceitos. Mas, e se eu fosse adiante e afirmasse que, se Epicuro tivesse sido acusado perante o povo por um dos *sicofantas* ou informantes daqueles dias, ele poderia facilmente ter defendido sua causa e provado que seus princípios de filosofia eram tão salutares quanto o de seus adversários, que tentavam, com tanto zelo, expô-lo ao ódio e inveja públicos?

Gostaria, eu digo, que experimentasses tua eloquência em um tópico tão extraordinário e fizesses um discurso para Epicuro, que pudesse satisfazer, não a multidão de Atenas, se consentires que a antiga e civilizada cidade contivesse alguma multidão, mas para a parte mais filosófica de sua audiência, que poderíamos considerar capaz de compreender seus argumentos.

O tema não seria difícil nessas condições, respondeu ele, e, se não te importares, suporei, por um momento, que sou Epicuro e que és o povo ateniense, e te apresentarei uma arenga tal que encherá a urna com feijões brancos e não deixará sequer um preto para gratificar a malícia de meus adversários.

Muito bem! Peço-te que prossigas sob essas suposições.

Venho, aqui, ó atenienses, para justificar em vossa assembleia o que sustento em minha escola, e me encontro impedido por furiosos antagonistas, em vez de estar discutindo com investigadores calmos e desapaixonados. Vossas deliberações, que, de direito, deveriam ser dirigidas a questões sobre o bem e o interesse públicos, são desviadas para as disquisições da filosofia especulativa; e essas investigações magnificentes, mas, talvez, infrutíferas, tomam o lugar de suas ocupações mais familiares, porém, mais úteis. Mas, no que depender de mim, impedirei esse abuso. Não discutiremos aqui a origem e governo dos mundos. Somente investigaremos até que ponto essas questões concernem ao interesse público. E, se puder vos persuadir de que são inteiramente indiferentes à paz da sociedade e à segurança do governo, espero que vós, presentemente, enviei-nos de volta para nossas escolas, para lá examinarmos, com calma, a questão, a mais sublime, porém, ao mesmo tempo, a mais especulativa de toda a filosofia.

Os filósofos da religião, não satisfeitos com a tradição de vossos antepassados e com a doutrina de vossos sacerdotes (com a qual aquiesço voluntariamente), comprazem com uma curiosidade impetuosa, ao tentarem até onde podem estabelecer a religião a partir dos princípios da razão; e, com isso, excitam, em vez de satisfazer, as dúvidas, que naturalmente surgem de uma investigação diligente e cuidadosa. Eles pintam, com as cores mais magnificentes, a ordem, beleza e sábio arranjo do universo; e, depois, perguntam se uma exibição gloriosa de inteligência como essa poderia proceder do concurso fortuito de átomos, ou se o acaso poderia produzir o que os grandes gênios nunca podem suficientemente admirar. Não examinarei a justeza desse argumento. Admitirei que seja tão sólido quanto meus antagonistas e acusadores desejam que seja. É suficiente, se puder provar a partir desse simples argumento que a questão é inteiramente especulativa, e que, quando, em minhas disquisições filosóficas, nego a providência e um estado futuro, não mino as fundações da sociedade, mas promovo princípios que eles mesmos, sobre seus próprios tópicos, se argumentarem consistentemente, devem admitir serem sólidos e satisfatórios.

Vós, portanto, que sois meus acusadores, reconhecestes que o principal ou único argumento para uma existência divina (que nunca questionei) é derivado da ordem da natureza, onde aparecem essas marcas de inteligência e desígnio, cuja causa considereis extravagante atribuir seja ao acaso ou à força cega e não governada da matéria. Vós admitis que esse é um argumento extraído dos efeitos para causas. A partir da ordem da obra, inferis que deve ter havido projeto e planejamento em quem a realizou. Se não conseguis distinguir esse ponto, admitis que vossa conclusão falha e não pretendeis estabelecer a conclusão em uma latitude maior do que os fenômenos da natureza justificarão. Essas são vossas concessões. Desejo que observais as consequências. [105]

Quando inferimos qualquer causa particular de um efeito, devemos ajustar uma ao outro, e nunca podemos ser autorizados a atribuir à causa quaisquer qualidades além das que são exatamente suficientes para produzir o efeito. Um corpo de trezentos gramas suspenso em qualquer balança pode servir como uma prova de que o contrapeso excede trezentos gramas; mas jamais pode permitir concluir que excede cem. Se a causa, atribuída por algum efeito, não for suficiente para produzi-lo, devemos ou rejeitar essa causa ou acrescentar a ela qualidades que lhe darão uma justa proporção ao efeito. Mas se atribuirmos a ela qualidades adicionais, ou afirmarmos que é capaz de produzir outros efeitos, podemos apenas nos comprazer com a licença da conjectura, e arbitrariamente supor a existência de qualidades e energias, sem razão ou autoridade.

A mesma regra vale se a causa atribuída for a matéria inconsciente bruta ou um ente inteligente racional. Se a causa for conhecida somente pelo efeito, jamais devemos atribuir a ela quaisquer qualidades além das que são precisamente necessárias para produzir o efeito. Tampouco, podemos, por quaisquer regras de pensamento justo, retornar da causa e inferir outros efeitos dela além daqueles pelos quais nos é conhecida. Ninguém, meramente da visão de uma das pinturas de Zeuxis, poderia saber que ele também era um escultor e arquiteto, e era um artista não menos habilidoso em pedra e mármore do que em cores. Os talentos e gosto, exibidos na obra particular diante de vós, podemos seguramente concluir que o artista possuía. A causa deve ser ajustada ao efeito, e, se a ajustamos exata e precisamente, jamais encontraremos nela quaisquer qualidades que apontem para além ou forneçam uma inferência sobre qualquer outro desígnio ou desempenho. Essas qualidades devem ser algo além do que é meramente necessário para a produção do efeito que examinamos.

Assim, admitindo que os deuses sejam os autores da existência ou ordem do universo, segue-se que possuem aquele grau preciso de poder, inteligência e benevolência que aparece em sua obra; mas nada além pode jamais ser provado, exceto que recorramos ao exagero e adulação para compensarem pelos defeitos de argumentação e pensamento. Na medida em que os traços de quaisquer atributos, no presente, aparecem, podemos, até aqui, concluir que existem. A suposição de atributos adicionais é mera hipótese; mais ainda a suposição de que, em regiões distantes do espaço ou períodos de tempo, houve, ou haverá, uma exibição mais magnificente desses atributos e um esquema de aplicação mais adequado a essas virtudes imaginárias. Jamais podemos ser autorizados a nos elevar do universo, o efeito, para Júpiter, a causa; e, depois, descermos para inferir algum novo efeito a partir dessa causa, como se o efeito presente apenas não fosse inteiramente merecedor de qualidades gloriosas, que atribuímos àquela deidade. Como o conhecimento da causa é derivado somente do efeito, eles devem ser exatamente ajustados um ao outro; e aquele jamais pode se referir a coisa alguma além, ou ser o fundamento de qualquer nova inferência e conclusão.

Encontreis certos fenômenos na natureza. Buscais uma causa ou autor. Imaginais que o encontrastes. Após, vós vos tornais tão enamorados desse produto de vosso cérebro que imaginais ser impossível que não tenha produzido algo maior e mais perfeito do que a cena presente de coisas, que é tão cheia de males e desordem. Esqueceis-vos de que essa inteligência e benevolência superlativas são inteiramente imaginárias, ou, ao menos, sem qualquer fundamento na razão, e que não tendes base para lhe atribuir quaisquer qualidades senão as que vedes que de fato já exerceu e exibiu em suas produções. Deixai vossos deuses, portanto, ó filósofos, serem adequados às aparências presentes da natureza; e não ouseis alterar essas aparências por suposições arbitrárias, a fim de adequá-las aos atributos que tão afetuosamente atribuís a vossas deidades.

Quando sacerdotes e poetas, apoiados por vossa autoridade, ó atenienses, falam de uma era de ouro ou de prata, que precedeu o estado presente de vício e miséria, eu vos ouço com atenção e reverência. Mas quando filósofos, que pretendem negligenciar a autoridade e cultivar a razão, sustentam o mesmo discurso, não lhes presto, admito, a mesma obsequiosa atenção e pia deferência. Pergunto: quem os levou às regiões celestiais, quem os admitiu nos conselhos dos deuses, quem lhes abriu o livro do destino, de modo que, então, afirmassem, precipitadamente, que suas deidades executaram, ou executarão, algum propósito além daquele que de fato apareceu? Se me dissessem que subiram os degraus, pela gradual ascensão da razão, extraindo inferências de efeitos a causas, ainda insisto que auxiliaram a ascensão da razão pelas asas da imaginação; de outro modo, não poderiam, portanto, mudar sua forma de inferência, e argumentar das causas para os efeitos, presumindo que uma produção mais perfeita do que o mundo presente fosse mais adequada a esses entes perfeitos como os deuses, e esquecendo que não têm razão para atribuir a esses entes celestiais qualquer perfeição ou qualquer atributo, senão o que pode ser encontrado no mundo presente.

Daí, toda a atividade estéril para explicar as aparências más da natureza e salvar a honra dos deuses, ao passo que deveríamos reconhecer a realidade desse mal e desordem que abundam no mundo. As qualidades obstinadas e intratáveis da matéria, dizem-nos, ou a observância de leis gerais, ou de alguma razão assim, é a única causa que controlava o poder de Júpiter e o obrigou a criar a humanidade e cada criatura sensível tão imperfeita e tão infeliz. Esses atributos, portanto, são, parece, de antemão, pressupostos, em sua maior latitude. E, com base nessa suposição, admito, essas conjecturas podem, talvez, ser aceitas como soluções plausíveis dos fenômenos maus. Mas, pergunto ainda: Por que pressupor esses atributos, ou por que atribuir à causa quaisquer qualidades além daquelas que de fato aparecem no efeito? Por que torturar vosso cérebro para justificar o curso da natureza com base em suposições que, até onde sabeis, podem ser inteiramente imaginárias e das quais não podemos encontrar quaisquer indícios no curso da natureza?

As hipóteses religiosas, portanto, devem ser consideradas somente um método particular para explicar os fenômenos visíveis do universo. Mas pensadores justos jamais ousarão inferir dele qualquer fato singular, e alterar ou acrescentar aos fenômenos qualquer detalhe particular. Se penseis que as aparências das coisas provam essas causas, é-vos admissível extrair uma inferência sobre a existência dessas causas. Em temas complicados e sublimes como esses, qualquer um deveria ser comprazido na liberdade de conjecturar e argumentar. Mas, aqui, deveríeis repousar. Se retrocederdes, e argumentando a partir de vossas causas inferidas, concluirdes que algum outro fato existiu, ou existirá, no curso da natureza, que pode servir como uma expressão mais completa de atributos particulares, devo vos advertir de que partistes do método de pensamento, vinculado ao presente tema, e certamente acrescentastes algo aos atributos da causa, além do que aparece no efeito; de outro modo, jamais poderíeis, com tolerável senso ou propriedade, acrescentar qualquer coisa ao efeito, a fim de torná-lo mais digno da causa.

Onde, está, portanto, a odiosidade dessa doutrina que ensino em minha escola, ou, melhor, que examino em meus jardins? Ou, o que encontrais nessa questão inteira, na qual a segurança da boa moral, ou a paz e ordem da sociedade, está, minimamente, envolvida?

Nego uma providência, dizeis, e um governo supremo do mundo, que guia o curso dos eventos e pune os viciosos com infâmia e desapontamento, e recompensa os virtuosos com honra e sucesso, em todas as suas iniciativas. Mas, certamente, não nego o próprio curso dos eventos, que se encontram abertos à investigação e ao exame de qualquer um. Reconheço que, na presente ordem das coisas, a virtude é acompanhada de mais tranquilidade do que o vício, e encontra uma recepção mais favorável do mundo. Estou ciente de que, de acordo com nossa experiência passada, a amizade é a principal alegria da vida humana e que a moderação é a única fonte de tranquilidade e felicidade. Jamais contrabalanço o curso virtuoso e o vicioso da vida; mas estou ciente de que, para uma mente bem-disposta, toda vantagem está do lado do primeiro. E o que mais posso vos dizer, admitindo todas as vossas suposições e pensamentos? Vós dizeis-me, de fato, que essa disposição de coisas procede da inteligência e desígnio. Mas, do que quer que proceda, a própria disposição, da qual depende nossa felicidade ou miséria e, consequentemente, nossa conduta e comportamento na vida, é a mesma. Ainda está aberto para mim, como bem sabeis, para regular meu comportamento, pela minha experiência de eventos passados. E se afirmeis que, enquanto forem admitidas uma providência divina e uma justiça distributiva suprema no universo, devo esperar alguma recompensa particular do bem, e punição do mal, além do curso comum dos eventos, encontro, aqui, a mesma falácia que tentei detectar antes. Persistis em imaginar que, se garantimos essa existência divina, pela qual tão francamente lutais, podereis inferir seguramente consequências dela, e acrescentar algo à ordem experienciada da natureza, argumentando a partir dos atributos que atribuís aos vossos deuses. Pareceis não recordar de que todos os vossos pensamentos sobre esse tema só podem ser extraídos de efeitos para causas, e que cada argumento, deduzido de causas a efeitos, deve necessariamente ser um sofisma grosseiro, uma vez que vos é impossível saber qualquer coisa sobre a causa além do que anteriormente não inferistes, mas descobristes completamente, no efeito.

Mas, o que os filósofos devem pensar sobre esses pensadores fúteis que, em vez de considerarem a cena presente de coisas como o único objeto de sua contemplação, até agora invertem o curso inteiro da natureza, de modo a tornar essa vida meramente uma passagem para algo além; um pórtico que leva a uma edificação maior e vastamente diferente; um prólogo, que serve somente para introduzir a peça e lhe dar mais graça e propriedade? De onde, pensais, podem esses filósofos tirar sua ideia dos deuses? De sua própria ideia e imaginação, certamente. Pois, se a derivassem dos fenômenos presentes, ela nunca apontaria para algo mais além, mas se ajustaria exatamente a eles. Que a divindade seja *possivelmente* dotada de atributos, que nunca a vimos exercer; pode ser governada por princípios de ação, que nunca descobrimos serem satisfeitos, tudo isso é livremente permitido, mas ainda assim é mera *possibilidade* e hipótese. Nunca temos razão para *inferir* quaisquer atributos, ou quaisquer princípios de ação nela, exceto até onde sabemos terem sido exercidos e satisfeitos.

*Há quaisquer marcas de uma justiça distributiva no mundo?* Se responderdes afirmativamente, concluo que, como a justiça é exercida aqui, é satisfeita. Se responderdes negativamente, concluo, então, que não tendes razão alguma para atribuir justiça, em nosso sentido dela, aos deuses. Se sustentardes um meio entre afirmação e negação, dizendo que a justiça dos deuses, no presente, é exercida em parte, mas não em sua completa extensão, respondo que não tendes razão alguma para lhe dar qualquer extensão particular, mas somente até onde a vedes, *no presente*, ser exercida.

Assim, ó atenienses, abrevio a discussão com meus antagonistas. O curso da natureza se encontra tão aberto à minha contemplação quanto à vossa. A série experienciada de eventos é o grande padrão pelo qual todos nós regulamos nossa conduta. A nada mais podemos recorrer no campo ou no senado. Nada mais jamais será ouvido sobre isso na escola, ou na vida privada. Em vão, nosso entendimento limitado violaria essas fronteiras, que são muito estreitas para nossa terna imaginação. Quando argumentamos a partir do curso da natureza, e inferimos uma causa inteligente particular, que pela primeira vez conferiu e ainda preserva a ordem no universo, adotamos um princípio, que é tão incerto quanto inútil. É incerto, porque o tema repousa inteiramente além do alcance da experiência humana. É inútil, porque, como nosso conhecimento dessa causa é derivado inteiramente do curso da natureza, jamais podemos, de acordo com as regras do pensamento justo, retroceder a partir da causa com qualquer inferência nova, ou fazer acréscimos ao curso comum e experienciado da natureza e estabelecer quaisquer novos princípios de conduta e comportamento.

111     Observo (eu digo, achando que ele havia terminado sua arenga) que não negligenciaste o artifício dos demagogos antigos, e, enquanto te comprazias em me fazer estar no lugar do povo, insinuaste-te a meu favor ao adotar aqueles princípios aos quais sabes sempre expressei um apreço particular. Mas, permitindo-te tornar a experiência (como, de fato, acho que deveria) o único padrão de nosso juízo sobre essa e todas as outras questões de fato, não tenho dúvida, exceto que, por meio da mesma experiência, à qual apelas, pode ser possível refutar esse pensamento que colocaste na boca de Epicuro. Se visses, por exemplo, uma edificação terminada pela metade, cercada de pilhas de tijolos e pedras e argamassa, e todos os instrumentos de construção, não poderias *inferir* do efeito que era uma obra de desígnio e inventividade? E não poderias novamente retornar dessa causa inferida para inferir no-

vos acréscimos ao efeito e concluir que a edificação em breve estaria terminada, e receberia todas as melhorias que a arte pudesse lhe conferir? Se visses sobre a areia da praia a impressão de uma pegada humana, concluirias que uma pessoa havia passado por ali e que havia deixado os traços do outro pé, embora apagados pela ondulação das areias ou pela inundação das águas. Por que, então, recusa-te a admitir o mesmo método de pensamento com relação à ordem da natureza? Considera o mundo e a vida presente somente como uma edificação imperfeita, da qual podes inferir uma inteligência superior, e argumentando a partir dessa inteligência, que nada pode deixar imperfeito, por que não podes inferir um esquema ou plano mais acabado, que receberá sua conclusão em algum ponto distante do espaço ou do tempo? Esses métodos de pensamento não são exatamente similares? E sob que pretexto podes adotar um, enquanto rejeitas o outro?

A infinita diferença dos temas, ele respondeu, 112 é um fundamento suficiente para essa diferença em minhas conclusões. Em obras de arte e inventividade *humanas* é admissível avançar do efeito à causa e retroceder a partir da causa, para formar novas inferências sobre o efeito, e examinar as alterações que provavelmente experienciou ou pode ainda experienciar. Mas qual é o fundamento desse método de pensamento? Basicamente, este: que humanos são entes que conhecemos, por experiência, com cujos motivos e desígnios estamos familiarizados, e cujos projetos e inclinações têm uma determinada conexão e coerência, de acordo com as leis que a natureza estabeleceu para o governo de criaturas assim. Portanto, quando verificamos que uma obra procedeu da habilidade e atividade humanas, como somos familiarizados com a natureza do animal, podemos extrair uma centena de inferências sobre o que pode ser esperado desse ente, e essas inferências serão todas baseadas na experiência e na observação. Mas, se conhecêssemos os humanos somente a partir da única obra ou produção que examinamos, seria impossível argumentarmos desse modo, pois, como nosso conhecimento de todas as qualidades que lhe atribuímos é, nesse caso, derivado da produção, é impossível que pudessem indicar alguma coisa além ou ser o fundamento para alguma nova inferência. A impressão de uma pegada na areia pode provar apenas, quando considerada sozinha, que havia uma figura adaptada a ela pela qual foi produzida. Mas a impressão de uma pegada humana prova igualmente, a partir de nossa outra experiência, que havia provavelmente outra pegada, que também deixou sua impressão, embora apagada pelo tempo ou outros acidentes. Aqui, ascendemos do efeito para a causa, e, descendo novamente das causas, inferimos alterações no efeito; mas isso não é uma continuação da mesma cadeia simples de pensamento. Abrangemos, nesse caso, uma centena de outras experiências e observações, sobre a figura e membros *usuais* dessa espécie de animal, sem as quais esse método de argumentação deve ser considerado falacioso e sofístico.

113    O mesmo não ocorre com nossos pensamentos a partir das obras da natureza. A Deidade nos é conhecida somente por suas produções e é um ente único no universo, não incluída em qualquer espécie ou gênero, de cujos atributos ou qualidades experienciados podemos, por analogia, inferir algum atributo ou qualidade nela. Como o universo mostra sabedoria e bondade, inferimos sabedoria e bondade. Como mostra um grau particular dessas perfeições, inferimos um grau delas, precisamente adaptadas ao efeito que examinamos. Mas nunca somos autorizados a inferir ou supor, por quaisquer regras de pensamento justo, outros atributos

ou graus dos mesmos atributos. Ora, sem alguma licença de suposição assim, é-nos impossível argumentar a partir da causa, ou inferir qualquer alteração no efeito, além do que imediatamente caiu sob nossa observação. O maior bem produzido por esse Ente deve ainda provar um grau maior de bondade. Uma distribuição mais imparcial de recompensas e punições deve proceder de uma consideração maior pela justiça e equidade. Cada suposto acréscimo às obras da natureza faz um acréscimo aos atributos do Autor da natureza. E, consequentemente, sendo inteiramente não apoiado por qualquer razão ou argumento, nunca pode ser admitido senão como mera conjectura e hipótese[30].

A grande fonte de nosso erro nesse tema, e na licença ilimitada para conjectura, na qual nos comprazemos, é que nos consideramos tacitamente como no lugar do Ente Supremo, e concluímos que ele, na sua situação, em cada ocasião, observa a mesma conduta que nós, em sua situação, adotaríamos como razoável e elegível. Mas, além disso, o curso comum da natureza pode nos convencer de que quase tudo é regulado por princípios e máximas muito diferentes dos nossos. E veja, também deve evidentemente parecer contrário a todas as regras de analogia à razão, desde as intenções e projetos humanos até as de um Ente tão diferente e, portanto, tão superior. Na natureza humana há uma determinada coerência experienciada de desígnios e inclinações; de modo que, quando, a partir de qualquer fato, descobrimos uma intenção humana, pode muitas vezes ser razoável, a partir da experiência, inferir outra e extrair uma longa cadeia de conclusões sobre sua conduta passada ou futura. Mas esse método de pensamento nunca pode ter lugar com relação a um Ente tão remoto e incompreensível que permite muito menos analogia com qualquer outro ente no universo do que o sol com uma vela, e que se revela somente por alguns vagos traços ou formas, além dos quais não temos autoridade para lhe atribuir qualquer atributo ou perfeição. O que imaginamos ser uma perfeição superior pode ser realmente um defeito. Ou, se houvesse uma perfeição assim, a atribuição dela ao Ente Supremo, onde parece não ter sido exercida completamente em suas obras, soa mais a adulação e panegírico do que a pensamento justo e filosofia sólida. Portanto, toda filosofia no mundo, e toda a religião, que não é senão uma espécie de filosofia, nunca poderão nos levar além do curso usual da experiência, ou nos dar medidas de conduta e comportamento diferentes daqueles fornecidos pelas reflexões da vida comum. Nenhum fato novo jamais pode ser inferido da hipótese religiosa; nenhum evento antecipado ou previsto; nenhuma recompensa ou punição esperada ou temida, além do que já conhecemos pela prática e observação. De modo que minha apologia a Epicuro ainda parecerá sólida e satisfatória. Os interesses políticos da sociedade não têm qualquer conexão com as discussões filosóficas sobre metafísica e religião.

Há, ainda, uma circunstância, eu respondo, que pareces ter negligenciado. Embora aceite tuas premissas, devo negar tua conclusão. Concluis que as doutrinas religiosas e pensamentos não *podem* ter influência na vida, porque não *devem* ter influência alguma; jamais considerando que pessoas não pensam da mesma maneira que tu, mas extraem muitas consequências da crença em uma Existência divina, e supõem que a Deidade infligirá punições ao vício e concederá recompensas à virtude, além do que aparece no curso comum da natureza. Se esse pensamento delas é justo ou não, não importa. Sua influência em suas vidas e condutas deve ainda ser a mesma. E aqueles que tentam libertá-los desses preconceitos podem, pelo que sei, ser bons pensadores, mas não posso admitir que sejam bons cidadãos e bons políticos, uma vez que liberam as pessoas de uma restrição sobre suas paixões e tornam a infração das leis da sociedade, sob um aspecto, mais fácil e segura.

No fim, talvez possa concordar com tua conclusão geral em favor da liberdade, embora sob premissas diferentes daquelas em que tentas baseá-la. Penso que o Estado deve tolerar todo princípio de filosofia. Não há exemplo de algum governo que tenha sofrido em seus interesses políticos por essa tolerância. Não há entusiasmo entre filósofos, suas doutrinas não são muito atrativas às pessoas, e nenhuma restrição pode ser colocada sobre seus pensamentos, mas o que deve ser de consequência perigosa às ciências, e mesmo ao Estado, ao pavimentar o caminho para a perseguição e opressão em pontos nos quais a maior parte das pessoas está mais profundamente interessada e preocupada.

Mas ocorre-me (continuo eu), com relação ao teu tópico principal, uma dificuldade, que vou apenas te apresentar, sem insistir nela, para evitar que leve a pensamentos de uma natureza muito boa e delicada. Em suma, duvido muito de que seja possível conhecer uma causa somente pelo seu efeito (como supuseste todo tempo) ou de que seja de uma natureza tão singular e particular de modo a não ter qualquer paralelo e similaridade com qualquer outra causa ou objeto que jamais tenha caído sob nossa observação. É somente quando verificamos que duas *espécies* de objetos são constantemente unidas que podemos inferir uma da outra; e caso um efeito apresentado, que fosse inteiramente singular e não pudesse ser incluído em qualquer *espécie* conhecida, não vejo como poderíamos formar qualquer conjectura ou inferência sobre sua causa. Se experiência, observação e analogia forem, de fato, os únicos guias que podemos razoavelmente seguir em inferências dessa natureza, tanto o efeito como a causa devem apresentar uma similaridade e semelhança com outros efeitos e causas que conhecemos e que verificamos em muitos exemplos estarem unidos uns aos outros. Deixarei para que reflitas quanto a buscar as consequências desse princípio. Apenas observarei que, como os antagonistas de Epicuro sempre supuseram que o universo – um efeito muito singular e único – fosse a prova de uma Deidade – uma causa não menos singular e única –, teus argumentos, com base nessa suposição, parecem, ao menos, merecer nossa atenção. Existe, admito, alguma dificuldade, em como podemos retornar da causa para o efeito e, pensando a partir de nossas ideias sobre a primeira, inferir alguma alteração ou acréscimo na segunda.

# Seção XII
# Da filosofia acadêmica
# ou cética

## Parte I

Não há um número maior de argumentos filosóficos, sobre qualquer tema, do que aqueles que provam a existência de uma Deidade e refutam as falácias de *ateístas*. E mesmo assim os filósofos mais religiosos ainda discutem se alguma pessoa pode ser tão cega a ponto de ser uma ateísta especulativa. Como devemos reconciliar essas contradições? Os cavaleiros errantes, que vagueavam para livrar o mundo de dragões e gigantes, nunca tiveram a menor dúvida com relação à existência desses monstros.

Os *céticos* são outros inimigos da religião, que naturalmente provocam a indignação de todos os teólogos e filósofos mais sérios; embora seja certo que ninguém jamais tenha se deparado com uma criatura assim absurda, ou conversado com alguém que não tivesse opinião ou princípio sobre algum tema, seja de ação ou de especulação. Isso gera uma questão muito natural: Que significa uma pessoa ser cética? E até onde é possível levar esses princípios filosóficos de dúvida e incerteza?

Há uma espécie de ceticismo, *antecedente* a todo estudo e filosofia, que é muito inculcado por Descartes e outros como uma proteção soberana contra erro e juízos precipitados. Recomenda uma dúvida universal, não somente de todas as nossas opiniões e princípios anteriores, mas também de nossas próprias faculdades, de cuja veracidade, dizem eles, devemos nos assegurar por uma cadeia de argumentos, deduzidos de um princípio original, que não pode ser falacioso ou enganador. Mas não há um princípio original assim que tenha uma prerrogativa sobre outros, que seja autoevidente e convincente. Ou, se existisse, poderíamos dar um passo além dele, mas pelo uso daquelas mesmas faculdades, em relação às quais já devemos ser difidentes. Portanto, se a dúvida cartesiana pudesse ser obtida por qualquer criatura humana (uma vez que claramente não é), seria inteiramente incurável; e nenhum argumento jamais poderia nos levar a um estado de certeza e convicção sobre qualquer tema.

Contudo, devemos confessar que essa espécie de ceticismo, quando mais moderada, pode ser entendida num sentido razoável, e é um preparativo necessário para o estudo da filosofia, ao preservar uma imparcialidade própria em nossos juízos, e libertar nossa mente de todos aqueles preconceitos, que podemos ter absorvido da educação ou opinião precipitada. Começar com princípios claros e autoevidentes, avançar com passos tímidos e certos, revisar frequentemente nossas conclusões, e examinar acuradamente todas as suas consequências; embora, por esses meios, façamos um progresso lento e curto em nossos sistemas, são os únicos métodos pelos quais podemos esperar atingir a verdade, e obter uma estabilidade própria e uma certeza em nossas determinações.

117    Há outra espécie de ceticismo, *consistente* com a ciência e a investigação, quando supomos ter descoberto ou a falaciosidade absoluta de nossas faculdades mentais ou sua inadequação para atingir qualquer determinação fixada em todos

aqueles temas interessantes de especulação, aos quais são comumente empregadas. Mesmo nossos próprios sentidos são postos em questão por uma determinada espécie de filósofos; e as máximas da vida comum são sujeitas à mesma dúvida que os mais profundos princípios ou conclusões da metafísica e teologia. Como esses preceitos paradoxais (caso possam ser chamados preceitos) são encontrados em alguns filósofos, e sua refutação, em vários, eles naturalmente excitam nossa curiosidade, e nos fazem investigar os argumentos nos quais estão baseados.

Não necessito insistir nos tópicos mais triviais, empregados pelos céticos em todas as épocas, contra as evidências dos *sentidos*, como aqueles que são derivados da imperfeição e falaciosidade de nossos órgãos, em inumeráveis ocasiões; a aparência distorcida de um remo na água; os vários aspectos dos objetos, de acordo com suas diferentes distâncias; as imagens duplas que surgem de pressionarmos um olho; com muitas outras aparências de uma natureza semelhante. Esses tópicos céticos, na verdade, são suficientes somente para provar que não podemos depender implicitamente apenas dos sentidos; mas que devemos corrigir suas evidências pela razão e por considerações derivadas da natureza do meio, da distância do objeto e da disposição do órgão, a fim de torná-los, dentro de sua esfera, os *critérios* próprios da verdade e falsidade. Existem outros argumentos mais profundos contra os sentidos, que não admitem uma solução tão simples.

Parece evidente que as pessoas são levadas, por um instinto natural ou preconceito, ter fé em seus sentidos, e que, sem qualquer pensamento, ou mesmo quase antes do uso da razão, supomos sempre um universo externo, que não depende de nossa percepção, e que existiria mesmo se nós e qualquer criatura sensível não existíssemos ou fôssemos completamente aniquilados. Mesmo o mundo animal é governado por uma opinião semelhante, e preserva essa crença de objetos externos em todos os seus pensamentos, desígnios e ações.

Parece evidente também que, quando seguimos esse instinto cego e poderoso da natureza, sempre supomos que as próprias imagens, apresentadas pelos sentidos, sejam os objetos externos, e nunca suspeitamos de que sejam nada mais do que representações deles. Acreditamos na existência desta mesa, que vemos branca, e que sentimos dura, independentemente de nossa percepção, como algo externo à nossa mente, que a percebe. Nossa presença não lhe concede ser. Nossa ausência não a aniquila. Ela preserva sua existência uniforme e inteira, independentemente da situação de entes inteligentes, que a percebam ou a contemplem.

Mas essa opinião universal e básica de todas as pessoas é em breve destruída pela filosofia mais trivial, que nos ensina que nada pode jamais estar presente na mente senão uma imagem ou percepção, e que os sentidos são somente os receptáculos através dos quais essas imagens são transportadas, sem serem capazes de produzir um intercurso da mente com o objeto. A mesa, que vemos, parece diminuir, quando nos afastamos dela. Mas a mesa real, que existe independentemente de nós, não sofre alteração. Portanto, nada era senão sua imagem que estava presente à mente. Esses são preceitos óbvios da razão, e pessoa alguma, que reflita, jamais duvidou de que as existências que consideramos, quando dizemos *esta casa* e *esta árvore*, nada são senão percepções na mente ou cópias ou representações efêmeras de outras existências, que permanecem uniformes e independentes.

Até aqui, portanto, é-nos necessário, pela razão, contradizer ou nos afastar dos instintos primários da natureza, e adotar um novo sistema com relação às evidências de nossos sentidos. Mas, aqui, a filosofia se encontra extremamente embaraçada, quando tem de justificar esse novo sistema e obviar as críticas e objeções dos céticos. Ela não pode mais alegar o instinto infalível e irresistível da natureza. Pois esse nos leva a um sistema muito diferente, que é reconhecidamente falível e inclusive errôneo. E justificar esse pretenso sistema filosófico, por uma cadeia de argumentos claros e convincentes, ou mesmo por qualquer aparência de argumentação, excede o poder de toda capacidade humana.

Mas que argumento pode provar que as percepções da mente devem ser causadas por objetos externos, inteiramente diferentes delas, embora semelhantes a elas (se isso for possível), e não podem se originar da energia da própria mente, da sugestão de algum espírito invisível e desconhecido ou de alguma outra causa ainda mais desconhecida a nós? Reconhecemos que, de fato, muitas dessas percepções surgem não de alguma coisa externa, como nos sonhos, na loucura e em outras doenças. E nada pode ser mais inexplicável do que a forma pela qual o corpo deve operar sobre a mente de modo a projetar uma imagem de si em uma substância de natureza supostamente tão diferente e mesmo contrária.

As percepções dos sentidos serem produzidas por objetos externos semelhantes a eles é uma questão de fato. Como essa questão pode ser determinada? Pela experiência, certamente, como todas as outras questões de uma natureza similar. Mas, aqui, a experiência é, e deve ser, inteiramente silente. A mente jamais tem algo presente a ela senão as percepções, e não pode obter qualquer experiência de sua conexão com objetos. A suposição dessa conexão é, portanto, sem qualquer fundamento no pensamento.

120     Recorrer à veracidade do Ente supremo, a fim de provar a veracidade de nossos sentidos, é certamente fazer um círculo inesperado. Se sua veracidade estivesse de algum modo conectada a esse tema, nossos sentidos seriam inteiramente infalíveis, porque ele jamais pode enganar. Sem mencionar que, se o mundo externo fosse colocado em questão, não saberíamos como encontrar argumentos pelos quais pudéssemos provar a existência desse Ente ou de quaisquer de seus atributos.

121     Portanto, esse é um tópico no qual os céticos mais profundos e filosóficos sempre triunfarão quando tentarem introduzir uma dúvida universal em todos os temas do conhecimento e investigação humanos. Vocês seguem os instintos e propensões da natureza, eles podem dizer, ao assentirem na veracidade dos sentidos? Mas esses os levam a acreditarem que a própria percepção ou imagem sensível é o objeto externo. Vocês negam esse princípio, a fim de adotar uma opinião mais racional segundo a qual as percepções são apenas representações de algo externo? Aqui, vocês estão afastados de suas propensões naturais e percepções mais óbvias; e mesmo assim não são capazes de satisfazer sua razão, que jamais pode encontrar qualquer argumento convincente a partir da experiência para provar que as percepções estão conectadas a quaisquer objetos externos.

122     Há outro tópico cético de uma natureza similar, derivado da mais profunda filosofia, que poderia merecer nossa atenção, caso fosse necessário nos aprofundarmos, a fim de descobrir argumentos e pensamentos, que podem servir muito pouco para qualquer propósito sério. É universalmente aceito por investigadores modernos que todas as qualidades sensíveis dos objetos, como dureza, maciez, calor, frio, brancura, negrura etc., são meramente secundárias, e não existem nos próprios objetos da

mente sem um arquétipo ou modelo externo, que eles representam. Se isso for admitido em relação às qualidades secundárias, também deve ser admitido em relação às supostas qualidades primárias da extensão e solidez. As segundas não podem ser mais aptas a essa denominação do que as primeiras. A ideia de extensão é inteiramente adquirida dos sentidos da visão e do tato; e se todas as qualidades, percebidas pelos sentidos, estiverem na mente e não no objeto, a mesma conclusão deve atingir a ideia de extensão, que é completamente dependente das ideias sensíveis ou das ideias de qualidades secundárias. Nada pode nos poupar dessa conclusão, exceto afirmar que as ideias daquelas qualidades primárias são obtidas por *abstração*; uma opinião que, se examinada acuradamente, mostrar-se-á ininteligível e inclusive absurda. Uma extensão, que não é tangível nem visível, não pode ser concebida. E uma extensão tangível ou visível, que não é dura nem macia, nem negra nem branca, está igualmente além da concepção humana. Se qualquer pessoa tentar conceber um triângulo que não seja nem *isósceles* nem *escaleno*, nem tenha qualquer extensão ou proporção particular de lados, em breve perceberá a absurdidade de todas as noções escolásticas em relação a abstração e ideias gerais[31].

Assim, a primeira objeção filosófica às evidências dos sentidos ou à opinião da existência externa consiste nisto: que uma opinião assim, se for baseada no instinto natural, é contrária à razão, e, se for referida à razão, é contrária ao instinto natural, e ao mesmo tempo não traz consigo qualquer evidência racional para convencer investigadores imparciais. A segunda objeção vai além, e representa essa opinião como contrária à razão – ao menos, se for um princípio da razão que todas as qualidades sensíveis estejam na mente, não no objeto. Se destituir a matéria de todas as suas qualidades sensíveis, tanto primárias quanto secundárias, de certo modo, você a aniquila, e deixa somente *algo* desconhecido, inexplicável, como a causa de nossas percepções; uma noção tão imperfeita que nenhuma pessoa cética achará que vale a pena contestá-la.

## Parte II

Pode parecer uma tentativa muito extravagante dos céticos destruir a *razão* por argumentação e raciocínio. Todavia, é esse o grande escopo de todas as investigações e discussões. Eles tentam encontrar objeções, tanto para nossos pensamentos abstratos quanto para aqueles relacionados a questões de fato e de existência.

A principal objeção contra todos os pensamentos *abstratos* é derivada das ideias de espaço e tempo. Ideia de que, na vida comum e na visão descuidada, são muito claras e inteligíveis, mas quando passam pelo exame das ciências profundas (das quais são o principal objeto), fornecem princípios que parecem cheios de absurdidade e contradição. Nenhum *dogma* eclesiástico, inventado com o propósito de domar e subjugar a razão humana rebelde, jamais chocou o senso comum mais do que a doutrina da divisibilidade infinita da extensão, com suas consequências, uma vez que são pomposamente exibidas por todos os geômetras e metafísicos, com um tipo de triunfo e exultação. Uma quantidade real, infinitamente menor do que uma quantidade finita, contendo quantidades infinitamente menores que ela, e assim por diante *in infinitum*. Essa é uma edificação tão forte e prodigiosa que é muito pesada para ser apoiada por qualquer pretensa demonstração, porque choca os princípios mais claros e naturais da razão humana[32].

Mas o que torna o tema mais extraordinário é que essas opiniões aparentemente absurdas são apoiadas por uma cadeia de argumentos, os mais claros e naturais. Não nos é possível aceitar as premissas sem aceitar as consequências. Nada pode ser mais convincente e satisfatório que todas as conclusões sobre as propriedades dos círculos e triângulos; e, mesmo assim, quando essas são recebidas, como podemos negar que o ângulo de contato entre um círculo e sua tangente é infinitamente menor do que um ângulo retilíneo; que, quando aumentamos o diâmetro do círculo *in infinitum*, esse ângulo de contato se torna ainda menor, mesmo *in infinitum*, e que o ângulo de contato entre outras curvas e suas tangentes pode ser infinitamente menor que aqueles entre um círculo e sua tangente, e assim por diante, *in infinitum*? A demonstração desses princípios parece tão irreprovável quanto aquela que prova que os três ângulos de um triângulo são iguais a dois retos, embora a segunda opinião seja natural e fácil e a primeira cheia de contradição e absurdidade. A razão, aqui, parece ser jogada em um tipo de incredulidade e incerteza, que, sem as sugestões céticas, cai numa difidência de si e do chão em que pisa. Ela vê uma luz completa, que ilumina certos lugares, mas essa luz faz fronteira com a mais profunda escuridão. E ela está tão ofuscada e confusa entre ambas que dificilmente pode se manifestar com certeza e segurança sobre qualquer objeto.

A absurdidade dessas determinações surpreendentes das ciências abstratas parece se tornar, se possível, ainda mais palpável em relação ao tempo do que à extensão. Um número infinito de partes reais de tempo, passando em sucessão e exauridas uma após a outra, parece uma contradição tão evidente que pessoa alguma, pensaríamos, cujo juízo não seja corrompido em vez de melhorado pelas ciências jamais seria capaz de admiti-lo.

Todavia, a razão ainda deve permanecer desassossegada e inquieta, mesmo com relação a esse ceticismo, ao qual é levada por essas absurdidades e contradições aparentes. Como uma ideia clara e distinta pode conter circunstâncias, contraditórias a si ou a qualquer outra ideia clara e distinta, é absolutamente incompreensível; e é, talvez, tão absurdo quanto qualquer proposição que possa ser formada. De modo que nada pode ser mais cético ou mais cheio de dúvida e hesitação do que esse próprio ceticismo que surge de uma das conclusões paradoxais da geometria ou da ciência da quantidade[33].

126     As objeções céticas às evidências *morais*, ou aos argumentos sobre questões de fato, são ou *populares* ou *filosóficas*. As objeções populares são derivadas da fraqueza natural do entendimento humano; das opiniões contraditórias, que foram recebidas em diferentes épocas e nações; das variações de nosso juízo na doença e na saúde, juventude e idade avançada, prosperidade e adversidade; da contradição perpétua das opiniões e percepções de cada pessoa particular; como muitos outros tópicos desse tipo. É desnecessário continuar insistindo nesse ponto. Essas objeções são fracas. Pois, como na vida comum pensamos a cada momento sobre fato e existência, e não podemos subsistir sem continuamente empregar essa espécie de argumento, quaisquer objeções populares, derivadas daí, devem ser insuficientes para destruir essa evidência. A grande subversora do *pirronismo*, ou dos princípios excessivos do ceticismo, é a ação, o emprego e as ocupações da vida comum. Esses princípios podem prosperar e triunfar nas escolas, onde é, na verdade, difícil, se não impossível, refutá-los. Mas, tão logo saiam da sombra, e pela presença dos objetos reais, que atuam em nossas paixões e sentimentos, sejam colocados em oposição aos princípios mais poderosos da nossa na-

tureza, evanescem como fumaça, e deixam os céticos mais determinados na mesma condição que outros mortais.

Portanto, é melhor para os céticos se manterem dentro de sua própria esfera, e exibirem aquelas objeções *filosóficas*, que surgem das mais profundas pesquisas. Aqui, eles parecem ter amplo material de triunfo; embora insistam justamente que todas as nossas evidências, para qualquer questão de fato que repouse além do testemunho dos sentidos ou da memória, são derivadas inteiramente da relação de causa e efeito; que não temos outra ideia dessa relação senão aquela de dois objetos que foram, em nossa experiência, frequentemente *unidos*; que não temos argumento algum para nos convencer de que objetos, que em nossa experiência estavam frequentemente unidos, irão igualmente, em outros exemplos, estar unidos do mesmo modo; e que nada nos leva a essa inferência senão o costume ou um determinado instinto de nossa natureza, que é, na verdade, difícil de resistir, mas que, como outros instintos, pode ser falacioso ou enganador. Embora os céticos insistam nesses tópicos, mostram sua força, ou melhor, sua e nossa fraqueza, e parecem, ao menos nesse momento, destruir toda certeza e convicção. Esses argumentos poderiam ser exibidos mais detalhadamente se pudéssemos esperar que deles resultasse algum bem ou benefício durável para a sociedade.

Pois, aqui, está a objeção principal e mais confusa ao ceticismo excessivo, a saber, que nenhum bem pode jamais resultar dele; embora permaneça em sua força e vigor plenos. Necessitamos somente perguntar aos céticos: *Qual é seu significado? E o que propõem com todas essas pesquisas curiosas?* Eles ficam imediatamente perdidos, e não sabem o que responder. Copernicanos ou ptolomaicos, que sustentam cada qual seu sistema diferente de astronomia, podem esperar produzir uma convicção, que permanecerá constante e durável, em sua audiência. Estoicos ou epicureus mostram princípios que podem não apenas ser duráveis como também ter um efeito na conduta e comportamento. Mas os pirrônicos não podem esperar que sua filosofia tenha qualquer influência constante na mente; ou, se tivesse, que sua influência fosse benéfica à sociedade. Ao contrário, devem reconhecer, caso reconheçam alguma coisa, que toda vida humana pereceria, caso seus princípios prevalecessem universal e constantemente. Todo discurso e toda ação cessariam imediatamente; e as pessoas permaneceriam em uma letargia total, até que as necessidades da natureza, insatisfeitas, pusessem um fim à sua miserável existência. É verdade que um evento tão fatal assim seja muito pouco temido. A natureza é sempre muito forte por princípio. E, embora pirrônicos possam jogar a si, ou outros, em uma incredulidade e confusão momentâneas com seus profundos argumentos, o primeiro e mais trivial evento na vida espantaria todas as suas dúvidas e escrúpulos, e os deixaria, em cada ponto de ação e especulação, como os filósofos de cada outra seita, ou como aqueles que nunca se envolveram em quaisquer pesquisas filosóficas. Quando despertarem de seu sonho, serão os primeiros a se juntar aos que riem deles, e a confessar que todas as suas objeções são meras distrações e tendem apenas a mostrar a condição caprichosa da humanidade, que deve agir, pensar e acreditar; embora não sejam capazes, com sua investigação mais diligente, de se satisfazerem quanto ao fundamento dessas operações, ou de removerem as objeções que podem ser levantadas contra eles.

**Parte III**

129

164

Há, na verdade, um ceticismo mais *mitigado* ou filosofia *acadêmica*, que pode ser durável

e útil, que pode, em parte, ser o resultado desse pirronismo, ou ceticismo *excessivo*, quando suas dúvidas
indistintas são, em alguma medida, corrigidas pelo
senso comum e pela reflexão. A maioria das pessoas
é naturalmente apta a ser afirmativa e dogmática em
suas opiniões; e, embora as pessoas vejam objetos somente sob um aspecto, e não tenham ideia de qualquer argumento de contraposição, jogam-se precipitadamente aos princípios, aos quais são inclinadas.
Não têm qualquer complacência para com aqueles
que têm percepções opostas. Hesitar ou contrabalançar confunde seu entendimento, restringe sua paixão
e suspende sua ação. Portanto, ficam impacientes até
escaparem de um estado, que para elas é tão des-
confortável; e pensam que nunca podem se afastar
longe o bastante dele, pela violência de suas afir-
mações e obstinação de suas crenças. Mas se essas
pessoas dogmáticas pudessem se tornar sensíveis às
estranhas enfermidades do entendimento humano,
mesmo em seu mais perfeito estado, e quando mais
acuradas e cautelosas em suas determinações, uma
reflexão assim naturalmente as inspiraria com mais
modéstia e reserva, e diminuiria sua boa opinião
sobre si e seu preconceito contra seus antagonistas.
As pessoas analfabetas podem refletir sobre a disposição das pessoas instruídas que, em meio a todas
as vantagens do estudo e reflexão, são comumente
ainda difidentes em suas determinações. E se uma
das pessoas instruídas fosse inclinada, por seu temperamento natural, ao orgulho e obstinação, uma
pequena tintura de pirronismo poderia abater esse
seu orgulho, mostrando-lhe que as poucas vantagens
que pode ter obtido em relação aos seus pares são
apenas insignificantes se comparadas à perplexidade
e confusão universais inerentes à natureza humana.
Em geral, há um grau de dúvida, cautela e modéstia
que, em todos os tipos de exame e decisão,
deve sempre acompanhar pensadores justos.

Outra espécie de ceticismo *mitigado*, que pode ser vantajoso para nós, e que pode ser o resultado natural das dúvidas e escrúpulos pirrônicos, é a limitação de nossas investigações a esses temas como melhor adaptados à estreita capacidade do entendimento humano. A *imaginação* humana é naturalmente sublime; deleitada com o que quer que seja remoto e extraordinário, estende-se, sem controle, às partes mais distantes do tempo e do espaço a fim de evitar os objetos que o costume tornou familiares demais a ela. Um *juízo* correto segue um método contrário, e, evitando todas as investigações distantes e elevadas, confina-se à vida comum e àqueles temas que caem no domínio da prática e experiência diárias, deixando os tópicos mais sublimes para a elaboração de poetas e oradores, ou para as artes de sacerdotes e políticos. Para nos levar a uma determinação tão salutar, nada pode ser mais útil do que nos convencermos completamente de uma vez por todas da força da dúvida pirrônica e da impossibilidade de que alguma coisa além do poder do instinto natural possa nos livrar dela. Aqueles que têm uma propensão à filosofia ainda continuarão suas pesquisas, porque refletem que, além do prazer imediato, que acompanha uma ocupação como essa, as decisões filosóficas nada são além de reflexões sobre a vida comum, metodizadas e corrigidas. Mas nunca serão tentados a ir além da vida comum, contanto que considerem a imperfeição dessas faculdades que empregam, seu alcance estreito e suas operações inacuradas. Embora não possamos apresentar uma razão satisfatória de por que acreditamos, depois de mil experimentos, que uma pedra cairá ou que o fogo queimará, podemos algum dia nos satisfazer em relação a qualquer determinação que possamos formar sobre a origem dos mundos e a situação da natureza, da, e para a, eternidade?

Na verdade, essa estreita limitação de nossas investigações é, em todos os aspectos, tão razoável que basta fazermos o menor exame dos poderes naturais da mente humana e compará-los com seus objetos a fim de recomendá-la para nós. Assim, verificaremos quais são os temas próprios da ciência e investigação.

Parece-me que os únicos objetos das ciências abstratas ou de demonstração são quantidade e número, e que todas as tentativas de estender essa espécie mais perfeita de conhecimento além desses limites são meramente sofisma e ilusão. Como as partes componentes de quantidade e número são inteiramente similares, suas relações se tornam intricadas e envolvidas; e nada pode ser mais interessante, bem como útil, do que traçar, por uma variedade de meios, sua igualdade ou desigualdade, em suas diferentes aparições. Mas como todas as outras ideias são claramente distintas e diferentes umas das outras, nunca podemos ir além, com nosso extremo exame, da observação dessa diversidade e, por uma reflexão óbvia, afirmar que uma coisa não é a outra. Ou, se há alguma dificuldade nessas decisões, ela procede inteiramente do significado indeterminado das palavras, que é corrigido por definições mais apropriadas. Que *o quadrado da hipotenusa é igual aos quadrados dos outros dois lados* não pode ser conhecido, considerando que os termos sejam exatamente definidos, sem um curso de pensamento e investigação. Mas para nos convencermos desta proposição: *que onde não há propriedade não pode haver injustiça*, é necessário apenas definir os termos, e explicar a injustiça como sendo uma violação da propriedade. Essa proposição, na verdade, nada mais é que uma definição imperfeita. É o mesmo caso com todos os pretensos raciocínios silogísticos, que podem ser encontrados em todos os ramos do conhecimento, exceto nas ciências da quantidade e número; e esses podem seguramente, penso, ser declarados os únicos objetos de conhecimento e demonstração.

132 Todas as outras investigações humanas consideram somente questões de fato e de existência; e essas, evidentemente, não podem ser demonstradas. O que quer que *seja* pode *não ser*. Nenhuma negação de um fato pode envolver uma contradição. A não existência de um ente, sem exceção, é uma ideia tão clara e distinta quanto sua existência. A proposição que afirma que não existe, independentemente de ser falsa ou não, não é menos concebível e inteligível do que aquela que afirma que existe. O caso é diferente com as ciências, propriamente assim chamadas. Cada proposição, que não é verdadeira, é aí confusa e ininteligível. Que a raiz do cubo de 64 é igual à metade de 10 é uma proposição falsa, e jamais pode ser distintamente concebida. Mas que César, ou o Anjo Gabriel, ou qualquer ente, nunca existiu, pode ser uma proposição falsa, mas ainda assim perfeitamente concebível, e não implica contradição.

Portanto, a existência de qualquer ente só pode ser provada por argumentos a partir de sua causa ou de seu efeito; e esses argumentos são baseados inteiramente na experiência. Se pensarmos *a priori*, qualquer coisa pode parecer capaz de produzir outra. A queda de um seixo pode, pelo que sabemos, extinguir o sol; ou o desejo de uma pessoa controlar os planetas em suas órbitas. É somente a experiência que nos ensina a natureza e os limites de causa e efeito, e nos permite inferir existência de um objeto a partir da existência de outro[34]. Esse é o fundamento do pensamento moral, que forma a maior parte do conhecimento humano, e é a fonte de toda ação e comportamento humanos.

Os pensamentos morais são sobre fatos particulares ou gerais. Todas as deliberações na vida consideram os primeiros; assim como todas as disquisições na história, cronologia, geografia e astronomia.

As ciências, que tratam de fatos gerais, são a política, a filosofia natural, a medicina, a química etc., nas quais as qualidades, causas e efeitos de toda uma espécie de objetos são investigados.

A divindade ou teologia, como prova a existência de uma Deidade, e a imortalidade das almas, é composta parcialmente de pensamentos sobre fatos particulares, parcialmente sobre fatos gerais. Tem um fundamento na *razão*, na medida em que é apoiada pela experiência. Mas seu melhor e mais sólido fundamento é a *fé* e a revelação divina.

A moral e a crítica são propriamente menos objetos do entendimento do que de gosto e percepções. O belo, seja moral ou natural, é sentido, mais propriamente do que percebido. Ou, se refletirmos sobre ele, e tentarmos determinar seu padrão, consideraremos um novo fato, a saber, o gosto geral da humanidade, ou algum fato que possa ser o objeto de pensamento e investigação.

Quando percorremos bibliotecas, persuadidos desses princípios, que erradicação devemos fazer? Se pegarmos em nossa mão qualquer volume, sobre teologia ou metafísica escolástica, por exemplo, devemos perguntar: *Contém algum pensamento abstrato sobre quantidade ou número?* Não. *Contém algum pensamento experimental sobre questões de fato e de existência?* Não. Então, relegue-o às chamas, pois não pode conter senão sofisma e ilusão.

# Índice onomástico

Adão, 30

Addison, 9

África, 23

Alexandre, 87, 123, 124, 126

Alexandria, 125

Anjo Gabriel, 168

Aragão, 126

Aristóteles, 9, 87

Atenas, 124, 135, 137

Beda, 128

Catão, 117

Católica romana, 55

César, 168

China, 124

Cícero, 9

De Retz, 126

Demétrio, 126

Demóstenes, 121

Descartes, 153

Epicuro, 135, 137, 146, 150, 152

Epíteto, 45

Euclides, 28, 65

Europa, 62

Farsália, 128

Felipe, 128

França, 29, 127

Helena, 12

Heródoto, 128

Hipócrates, 87

Inglaterra, 131

Júpiter, 141, 142

La Bruyere, 9

Lapônia, 23

Livy, 133

Locke, 9, 175

Lorde Bacon, 132

Luciano, 123, 124

Malebranche, 9

Maomé, 125

Marco Aurélio, 123

Mariana, 128

Paflagônia, 123, 124

Paris, 127

Plutarco, 125, 128

Políbio, 87

Protágoras, 135

Quinto Cúrcio, 87

Rainha Elizabeth, 131

Roma, 117, 123, 124

Saragoça, 126

Serápis, 125

Sião, 124

Sócrates, 135

Tácito, 87, 125

Tillotson, 112

Tito Lívio, 125

Túlio, 121

Turquia, 124

Vênus, 12

Vespasiano, 125

Zeuxis, 140

# Notas

1. É provável que aqueles que negavam ideias inatas quisessem expressar apenas que todas as ideias fossem cópias de nossas impressões; embora devamos confessar que os termos que empregavam não fossem escolhidos com esse cuidado, nem tão exatamente definidos, de modo a impedir todos os erros sobre sua doutrina. Pois o que se pretende dizer com inato? Se inato for equivalente a natural, então todas as percepções e ideias da mente devem ser consideradas inatas ou naturais, em qualquer sentido que tomemos a última palavra, seja em oposição ao que é incomum ou artificial, seja milagroso. Se por inato queriam dizer "contemporâneo ao nosso nascimento", a discussão parece frívola; não vale a pena investigar em que momento o pensamento começa, se antes, no, ou após nosso nascimento. Uma vez mais, a palavra "ideia" parece ser comumente tomada, em um sentido muito frouxo, por Locke e outras pessoas, como representando quaisquer de nossas percepções, sensações e paixões, assim como pensamentos. Ora, nesse sentido, gostaria de saber: O que significa afirmar que o amor-próprio ou o ressentimento por injúrias, ou a paixão entre os sexos, não é inato?

Mas, admitindo esses termos, impressões e ideias, no sentido acima explicado, e entendendo por inato o que é original ou não copiado de uma percepção precedente, então, podemos afirmar que todas as nossas impressões são inatas e, nossas ideias, não inatas.

Para ser honesto, devo dizer que, na minha opinião, Locke foi traído nessa questão pelos escolásticos que, fazendo uso de termos indefinidos, estendiam tediosamente suas discussões sem sequer tocar o ponto em questão. Uma ambiguidade e um circunlóquio semelhantes parecem permear os argumentos desse filósofo sobre esse e muitos outros temas.

2. Semelhança.

3. Contiguidade.

4. Causa e efeito.

5. Por exemplo, Contraste ou Contrariedade também é uma conexão entre Ideias; mas talvez possa ser considerada uma mistura de Causação e Semelhança. Quando dois objetos são contrários, um destrói o outro; ou seja, é a causa de sua aniquilação, e a ideia de aniquilação de um objeto implica a ideia de sua existência anterior.

6. A palavra "poder" é usada aqui em um sentido frouxo e popular. A explicação mais acurada dela apresentaria evidências adicionais a esse argumento. [Cf. Seção 7].

7. Nada é mais usual para escritores, mesmo sobre temas morais, políticos ou físicos, do que distinguir entre razão e experiência e supor que esses tipos de argumentação são inteiramente diferentes entre si. As primeiras são tomadas do mero resultado de nossas faculdades intelectuais que, ao considerarem *a priori* a natureza das coisas e ao examinarem os efeitos que devem seguir de sua operação, estabelecem princípios particulares da ciência e da filosofia. As últimas devem ser inteiramente derivadas do sentido e da observação, pelos quais conhecemos o que de fato resultou da operação de objetos particulares e são por isso capazes de inferir o que, para o futuro, resultará deles. Assim, por exemplo, as limitações e as restrições de um governo civil e de uma constituição legal podem ser defendidas ou a partir da razão que, refletindo sobre a grande fragilidade e corrupção da natureza humana, ensina que a ninguém pode ser seguramente confiada autoridade ilimitada, ou a partir da experiência e da história que nos informam sobre os enormes abusos que a

ambição, em toda época e país, revelou cometer diante de uma confiança tão imprudente.

A mesma distinção entre razão e experiência é mantida em todas as nossas deliberações sobre a conduta da vida, quando seguimos e confiamos em estadistas, generais, médicos ou comerciantes experientes, e negligenciamos e desprezamos novatos sem prática, independentemente de seus talentos. Embora seja permitido que a razão possa formar conjeturas muito plausíveis com relação às consequências dessa conduta particular em circunstâncias igualmente particulares, é ainda considerada imperfeita sem o auxílio da experiência, que sozinha é capaz de dar estabilidade e certeza às máximas derivadas do estudo e da reflexão.

Mas, independentemente de essa distinção ser universalmente recebida, tanto nas cenas ativas como nas especulativas da vida, não hesitaremos em declarar que é, fundamentalmente, errônea ou, pelo menos, superficial. Se examinarmos aqueles argumentos que, em qualquer uma das ciências acima mencionadas, são considerados os meros efeitos de análise e reflexão, verificaremos que terminam, por fim, em algum princípio ou conclusão geral, para a qual não podemos atribuir qualquer razão, mas observação e experiência. A única diferença entre eles e aquelas máximas, que são vulgarmente consideradas o resultado da experiência pura, é que os primeiros não podem ser estabelecidos sem algum processo de pensamento e alguma reflexão sobre o que observamos – a fim de distinguir suas circunstâncias e identificar suas consequências –, enquanto nos últimos o evento experienciado é exata e completamente similar àquele que inferimos como o resultado de alguma situação particular. A história de um Tibério ou de um Nero nos faz temer uma tirania assim, caso nossos monarcas se libertassem das restrições das leis e dos senados. Mas a observação de qualquer fraude ou crueldade na vida privada é suficiente, com a ajuda de algum pensamento, para nos provocar a mesma apreensão, embora sirva como um exemplo da corrupção geral da natureza humana, e nos mostre o perigo que podemos incorrer ao depositar uma confiança total na humanidade. Em ambos os casos, é a experiência o fundamento último de nossa inferência e conclusão. Não há pessoa tão jovem e inexperiente que não tenha formado, a partir da observação, muitas máximas gerais e justas sobre os assuntos humanos e a conduta da vida. Mas devemos confessar que, quando as começamos a colocar em prática, somos extremamente propensos a erro, até que o tempo e as experiências adicionais ampliem essas máximas e nos ensinem seu uso e aplicação próprios. Em cada situação ou incidente há muitas circunstâncias particulares e aparentemente insignificantes que as pessoas mais talentosas podem, em princípio, ignorar, embora a justeza de suas conclusões e, consequentemente, a prudência de sua conduta, dependam inteiramente delas. Sem mencionar que, para uma pessoa jovem iniciante, as observações e máximas gerais nem sempre ocorrem nas ocasiões apropriadas, nem podem ser imediatamente aplicadas com a devida calma e distinção. A verdade é que pessoas pensadoras inexperientes jamais poderiam ser consideradas pensadoras, caso fossem absolutamente inexperientes, e, quando atribuímos esse caráter a uma pessoa, nós o fazemos somente em um sentido comparativo, e a supomos dotada de experiência em um grau menor e mais imperfeito.

8. *Naturane nobis, inquit, datum dicam, an errore quodam, ut, cum ea loca videamus, in quibus memoria dignos viros acceperimus multum esse versatos, magis moveamur, quam siquando eorum ipsorum aut facta audiamus aut scriptum aliquod legamus? Velut ego nunc moveor. Venit enim mihi Platonis in mentem, quem accepimus primum hîc disputare solitum: Cujus etiam illi hortuli propinqui non memoriam solum mihi afferunt, sed ipsum videntur in conspectu meo hîc ponere. Hic Speusippus, hic Xenocrates, hic ejus auditor Polemo; cujus ipsa illa sessio fuit, quam videamus. Equidem etiam curiam nostram, Hostiliam dico, non*

*hanc novam, quæ mihi minor esse videtur postquam est major, solebam intuens, Scipionem, Catonem, Lælium, nostrum vero in primis avum cogitare. Tanta vis admonitionis est in locis; ut non sine causa ex his memoriæ deducta sit disciplina* (Cícero, *De Finibus*. Lib. V).

[Quer se trate de um instinto natural ou uma mera ilusão, não posso dizer; contudo, nós nos comovemos mais quando vemos aqueles lugares que a tradição registra ter sido o refúgio favorito dos homens versados do que ouvir sobre seus feitos ou ler seus escritos. Do mesmo modo, agora, eu me comovo. De fato, vem à minha mente Platão, que dizem ser o primeiro a manter discussões neste lugar; o pequeno jardim, ali perto, não só me lembra a sua memória, mas parece colocar o próprio homem diante dos meus olhos. Aqui era o refúgio de Espeusipo, de Xenócrates e de Polemo, seu discípulo, cujo próprio assento vemos bem ali. Quanto a mim, digo que, até mesmo ao contemplar o nosso senado – refiro-me à Cúria Hostília, não ao prédio novo, que me parece menor depois da sua ampliação –, costumava pensar em Cipião, Catão, Lélio e, acima de todos, no meu avô; tamanho é o poder de sugestão inerente a esses lugares; não é sem motivo que a *técnica de memorização* [*memoriæ deducta* significa literalmente "disciplina da memória" ou "treinamento da memória". Cícero deve estar se referindo à técnica de memorização utilizada para os discursos retóricos] se baseie na localidade] [N.E.: Esta nota foi traduzida do latim por Arthur Rodrigues].

9. O Sr. Locke divide todos os argumentos em demonstrativos e prováveis. Nessa visão, podemos dizer que é somente provável que todos devamos morrer ou que o sol nascerá amanhã. Mas para adequar mais nossa linguagem ao uso comum, devemos dividir os argumentos em demonstrações, provas e probabilidades. Aqui, provas significam argumentos da experiência que não deixam espaço para dúvida ou oposição.

10. Seção II.

11. O Sr. Locke, em seu capítulo sobre poder, diz que, verificando a partir da experiência que há várias novas produções na matéria, e concluindo que deve haver em algum lugar um poder capaz dessa produção, finalmente chegamos, por essa reflexão, à ideia de poder. Mas nenhuma reflexão jamais pode nos dar uma ideia nova, original e simples, como esse mesmo filósofo confessa. Essa, portanto, nunca pode ser a origem dessa ideia.

* A noção "espíritos animais" deriva da teoria médica grega helenista. Médicos na escola de Alexandria, por volta de 275 a.C., postularam uma teoria que, especialmente na versão de Cláudio Galeno (130-216 d.C.), perdurou no século XVIII. Segundo essa teoria, três sistemas de vasos tubulares – as veias, as artérias e os nervos – continham, respectivamente, sangue, espírito vital (*pneuma zootikon*, absorvido da atmosfera) e espírito psíquico (*pneuma psychikon*). Considerava-se que o último, conhecido em latim como *spiritus animalis*, fosse produzido no cérebro pela filtragem ou destilação do espírito vital e depois distribuído pelo corpo pelos nervos. (Smith et al. *The Cambridge Descartes Lexicon*, p. 26-28. DOI: https://doi.org/10.1017/CBO9780511894695.011. Cambridge University Press, 2015) [N.T.].

12. Pode-se alegar que a resistência que encontramos nos corpos, que nos obriga frequentemente a exercer nossa força e convocar todo nosso poder, dá-nos a ideia de força e poder. É nesse *nisus* ou esforço vigoroso, do qual somos conscientes, que está a impressão original da qual essa ideia é copiada. Mas, *primeiro*, atribuímos poder a um vasto número de objetos, onde jamais podemos supor que essa resistência ou exerção de força ocorra: ao Ente Supremo, que jamais encontra qualquer resistência; à mente em seu comando sobre suas ideias e membros, no pensamento e movimento comuns, onde o efeito segue imediatamente da vontade, sem qualquer exerção ou convocação de força; à

matéria inanimada, que não é capaz dessa percepção. *Segundo*, essa percepção de um esforço para superar a resistência não possui conexão conhecida a qualquer evento. Conhecemos pela experiência o que segue dela, sabemos pela experiência, mas não poderíamos conhecê-la *a priori*. Devemos, contudo, confessar que o *nisus* animal que experienciamos, embora não possa fornecer qualquer ideia precisa de poder, entre bastante nessa ideia comum, inacurada, que temos dele.

13. Θεος απο μηχανης.

14. Seção XII.

15. Não necessito examinar em detalhe a *vis inertiæ* [força de inércia] de que se fala tanto na nova filosofia, e que é atribuída à matéria. Verificamos pela experiência que um corpo em repouso ou em movimento continua para sempre em seu presente estado, até ser retirado dele por alguma nova causa, e que um corpo impelido tanto recebe movimento do corpo que o impeliu quanto o adquire por si. Esses são os fatos. Quando chamamos isso uma *vis inertiæ*, apenas marcamos esses fatos, sem pretender ter uma ideia da força inerte, do mesmo modo que, quando falamos sobre a gravidade, temos em mente certos efeitos, sem compreendermos esse poder ativo. Nunca foi a intenção de Sir Isaac Newton destituir causas segundas de toda força ou energia, embora alguns de seus seguidores tenham se esforçado para estabelecer essa teoria em seu nome. Ao contrário, esse grande filósofo recorreu a um fluido ativo etéreo para explicar sua atração universal, mas foi cauteloso e modesto ao admitir que era uma mera hipótese na qual não se deveria insistir sem mais experimentos. Devo confessar que há algo um tanto extraordinário no destino de opiniões. Descartes insinuou essa doutrina da eficácia universal e única da Deidade sem insistir nela. Malebranche e outros cartesianos a tornaram o fundamento de toda sua filosofia. Contudo, não tiveram autoridade na Inglaterra. Loc-

ke, Clarke e Cudworth nunca sequer tomaram conhecimento dela, mas supõem o tempo inteiro que a matéria possui um poder real, embora subordinado e derivado. Como isso se tornou tão prevalente entre nossos modernos metafísicos?

16. De acordo com essas explicações e definições, a ideia de *poder* é tão relativa quanto a de *causa*, e ambas têm referência a um efeito, ou algum outro evento constantemente unido à primeira. Quando consideramos a circunstância *desconhecida* de um objeto, pelo qual o grau ou quantidade de seu efeito é estabelecido e determinado, chamamos esse seu poder. E, consequentemente, todos os filósofos admitem que o efeito é a medida do poder. Mas se tivessem qualquer ideia do poder, como é em si, por que não poderiam medi-lo em si? Veja, a discussão sobre a força de um corpo em movimento – se é sua velocidade ou o quadrado de sua velocidade –, essa discussão, veja, não necessitaria ser decidida pela comparação de seus efeitos em momentos iguais ou desiguais, mas por uma mensuração e comparação diretas.

Quanto ao uso frequente das palavras "força", "poder", "energia" etc., que em toda parte ocorre na conversação comum, assim como na filosofia, isso não é prova de que estejamos familiarizados, em qualquer circunstância, com o princípio conector entre causa e efeito, ou que possamos apresentar uma explicação fundamental para a produção de uma coisa por outra. Essas palavras, como usadas comumente, possuem significados muito frouxos vinculados a elas, e suas ideias são muito incertas e confusas. Nenhum animal pode pôr corpos externos em movimento sem a percepção de um *nisus* ou esforço, e cada animal tem uma percepção ou sensação da pancada ou golpe de um objeto externo que está em movimento. Somos capazes de transpor essas sensações – que são meramente animais, e das quais não podemos extrair quaisquer inferências *a priori* – a objetos inanimados, e de supor que possuem algumas delas sempre que transmitem ou recebem movimento. Com relação a energias, que são exercidas sem que anexemos a elas qualquer ideia de movimento transmitido, consideramos somente a conjunção experienciada constante dos eventos e, como percebemos uma conexão costumeira entre as ideias, transpomos essa sensação aos objetos, uma vez que nada é mais usual do que aplicar aos corpos externos cada sensação interna que ocasionam.

17. A prevalência da doutrina da liberdade pode ser explicada por outra causa, a saber, uma falsa sensação ou experiência aparente que temos, ou podemos ter, de liberdade ou indiferença, em muitas de nossas ações. A necessidade de uma ação, seja da matéria ou da mente, não é, propriamente falando, uma qualidade dos agentes, mas de qualquer ente pensante ou inteligente, que possa considerar a ação. E consiste principalmente na determinação de seus pensamentos para inferir a existência dessa ação a partir de objetos precedentes. Liberdade, quando oposta a necessidade, nada é senão a falta dessa determinação e uma certa frouxidão ou indiferença que sentimos ao passarmos, ou não, da ideia de um objeto para a ideia de qualquer outro que o sucede. Ora, contudo, podemos observar que ao *refletirmos* sobre as ações humanas raramente sentimos uma frouxidão ou indiferença assim, mas somos comumente capazes de inferi-las, com considerável certeza, a partir de seus motivos, e a partir das disposições dos agentes, ainda que frequentemente aconteça de, ao *executarmos* as próprias ações, sejamos sensíveis a algo semelhante a isso. E como todos os objetos semelhantes são prontamente tomados um pelo outro, isso tem sido empregado como uma prova demonstrativa e mesmo intuitiva da liberdade humana. Sentimos que nossas ações estão sujeitas à nossa vontade em muitas ocasiões; e imaginamos que sentimos que a própria vontade não está sujeita a coisa alguma, porque, quando por uma negação dela somos provocados a agir, sentimos que

ela se move facilmente em todos os sentidos e produz uma imagem de si (ou uma *veleidade*, como é chamada nas escolas) mesmo sob aquele aspecto que não escolheu. Essa imagem, ou movimento vago, dizemos a nós mesmos, poderia, nesse momento, ter sido completada com a própria coisa, porque, caso isso fosse negado, verificaríamos, numa segunda tentativa, que, no presente, pode. Não consideramos que o desejo fantástico de mostrar a liberdade seja aqui o motivo de nossas ações. E parece certo que, independentemente de podermos imaginar que sentimos uma liberdade dentro de nós, uma pessoa que nos observasse não poderia comumente inferir nossas ações de nossos motivos e caracteres, e, mesmo onde não pode, ela conclui em geral que poderia, caso estivesse perfeitamente familiarizada com cada circunstância de nossa situação e temperamento, e com as origens mais secretas de nossa compleição e disposição. Ora, essa é a própria essência da necessidade, de acordo com a doutrina precedente.

18. Assim, se uma causa for definida como *aquilo que produz uma coisa*, é fácil observar que *produzir* é sinônimo de *causar*. De um modo similar, se uma causa for definida como *aquilo pelo qual algo existe*, isso está sujeito à mesma objeção. Pois, o que queremos dizer com estas palavras: *pelo qual?* Caso se tivesse dito que uma causa é *aquilo* após o que *uma coisa constantemente existe*, teríamos entendido os termos. Pois isso é, na verdade, tudo que sabemos sobre o tema. E essa constância forma a própria essência da necessidade, e não temos dela qualquer outra ideia.

19. Como todo pensamento sobre fatos ou causas é derivado meramente do costume, podemos perguntar como acontece de ultrapassarmos tanto os animais em pensamento e, entre nós, ultrapassarmos tanto uns aos outros? O mesmo costume não tem a mesma influência em todos? Vamos tentar explicar aqui, brevemente, a grande diferença nos entendimentos humanos,

o que facilitará, então, a compreensão da diferença entre humanos e animais. (1) Quando vivemos algum tempo, e nos acostumamos com a uniformidade da natureza, adquirimos um hábito geral pelo qual sempre transferimos o conhecido ao desconhecido, e concebemos o último semelhante ao primeiro. Por meio desse princípio habitual geral, consideramos mesmo um experimento como a fundação do pensamento e esperamos um evento similar com algum grau de certeza, quando o experimento foi realizado acuradamente e livre de todas as circunstâncias estranhas. É, portanto, considerado um tema de grande importância observar as consequências das coisas. E, como uma pessoa pode ultrapassar muito outra em atenção, memória e observação, isso fará uma diferença muito grande em seu pensamento. (2) Onde há uma complicação de causas para produzir um efeito, uma mente pode ser muito melhor do que outra e mais capaz de compreender o sistema inteiro de objetos e de inferir justamente suas consequências. (3) Uma pessoa é capaz de levar uma cadeia de consequências mais longe do que outras. (4) Poucas pessoas podem pensar muito sem esbarrarem em uma confusão de ideias, e confundirem uma com outra; havendo vários graus dessa debilidade. (5) A circunstância, da qual o efeito depende, está frequentemente envolvida em outras, que são estranhas e extrínsecas. Sua separação muitas vezes requer grande atenção, acurácia e sutileza. (6) A formação de máximas gerais a partir da observação particular é uma operação muito boa; e, nada é mais usual para uma mente precipitada ou estreita, que não vê todos os aspectos, do que cometer erros a esse respeito. (7) Por termos maior experiência ou prontidão na sugestão de analogias, pensamos melhor quando o fazemos a partir delas. (8) Vieses de preconceito, educação, paixão, partido etc., controlam mais uma mente do que outra. (9) Após termos adquirido uma confiança no testemunho humano, livros e conversação ampliam muito mais a esfera de experiência e pensamento de uma pessoa do que a de outra. Seria fácil revelar muitas outras circunstâncias que fazem diferença nos entendimentos humanos.

20. Plutarco, em *Vita Catonis*.

21. Os indianos, é evidente, não poderiam ter a experiência de que a água não congelava em climas frios. Isso é colocar a natureza em uma situação muito desconhecida a eles, e lhes é impossível dizer *a priori* o que resultaria dela. É fazer um novo experimento, cuja consequência é sempre incerta. Podemos, às vezes, conjecturar a partir de analogia o que segue, mas isso ainda é apenas conjectura. E devemos confessar que, no presente caso de congelamento, o evento resultante é contrário às regras de analogia, e é algo que os indianos racionais não buscariam. As operações do frio sobre a água não são graduais, conforme o grau de frio, mas, sempre que chega ao ponto de congelamento, a água passa em um momento da extrema liquidez à perfeita solidez. Um evento assim, portanto, pode ser denominado *extraordinário*, e necessita de um testemunho muito forte para torná-lo crível a pessoas em clima quente. Mas ainda não é *milagroso*, nem contrário à experiência uniforme do curso da natureza em casos em que todas as circunstâncias sejam as mesmas. Os habitantes da Sumatra sempre viram a água fluida em seu próprio clima, e o congelamento de seus rios deve ser considerado um prodígio. Mas eles nunca viram a água na Rússia durante o inverno, e, portanto, não podem razoavelmente estar certos de qual seria a consequência lá.

22. Por vezes, um evento pode, *em si*, não *parecer* contrário às leis da natureza, e, mesmo assim, se fosse real, poderia, em razão de algumas circunstâncias, ser denominado um milagre, porque, de *fato*, é contrário a essas leis. Assim, se uma pessoa, alegando uma autoridade divina, mandasse uma pessoa doente ficar boa, uma pessoa saudável a cair morta, as nuvens a derramarem chuva, os ventos a soprarem, em suma,

ordenasse muitos eventos naturais, que imediatamente seguiriam de seu comando, esses poderiam, justamente, ser considerados milagres, porque são, realmente, nesse caso, contrários às leis da natureza. Pois, se restasse alguma suspeita de que o evento e o comando coincidiram por acidente, não há milagre nem transgressão das leis da natureza. Se essa suspeita for removida, há evidentemente um milagre, e uma transgressão dessas leis, porque nada pode ser mais contrário à natureza do que a voz ou comando de um humano ter uma influência dessas. Um milagre pode ser acuradamente definido *uma transgressão de uma lei da natureza por uma volição particular da Deidade, ou pela interposição de agentes invisíveis*. Um milagre pode ser descobrível por nós ou não. Isso não altera sua natureza e essência. A elevação de uma casa ou navio no ar é um milagre visível. A elevação de uma pena, quando tão pouca força do vento é necessária para esse propósito, é um milagre muito real, embora não tão perceptível com relação a nós.

23. Hist. liv. V. cap. 8. Suetônio apresenta praticamente a mesma descrição em *Vita Vesp.*

24. Esse livro foi escrito pelo mons. Montgeron, conselheiro ou juiz do parlamento de Paris, um homem de figura e caráter, que foi também um mártir para a causa, e dizem agora se encontrar em um calabouço por conta de seu livro.

Há outro livro em três volumes (chamado *Regueil des Miracles de l'Abbé* Paris) que apresenta uma descrição de vários desses milagres, e é acompanhado de discursos prefaciais, que são muito bem escritos. Contudo, são permeados por uma comparação ridícula entre os milagres de nosso Salvador e os do abade, na qual é afirmado que as evidências para os últimos são iguais às evidências para os primeiros. Como se o testemunho de uma pessoa pudesse alguma vez ser comparado ao de Deus, que conduziu a caneta desses escritores. Caso consideremos esses escritores, de fato, meramente como testemunhos humanos, o autor francês é muito moderado em sua comparação, uma vez que poderia, com alguma aparência de razão, pretender que os milagres jansenistas ultrapassassem muito os outros em evidências e autoridade. As seguintes circunstâncias são extraídas de documentos autênticos, inseridos no livro acima mencionado.

Muitos dos milagres do abade Paris foram provados imediatamente por testemunhas perante a oficialidade ou corte de bispos em Paris, sob o olhar do Cardeal Noailles, cujo caráter para integridade e capacidade nunca fora contestado sequer por seus inimigos.

Seu sucessor no arcebispado foi um inimigo dos jansenistas, e, por essa razão, foi promovido à sé pela corte. Todavia, 22 reitores ou *curas* de Paris, com infinita seriedade, pressionaram-no a examinar aqueles milagres, que afirmaram ser conhecidos no mundo todo e indiscutivelmente certos. Mas ele, sabiamente, absteve-se.

O partido molinista tentou desacreditar esses milagres em um exemplo, o da Senhorita Le Franc. Mas seus procedimentos foram sob muitos aspectos os mais irregulares do mundo, particularmente ao citarem somente algumas testemunhas jansenistas, as quais subornaram. Além disso, veja, eles em breve se viram assoberbados por uma nuvem de novas testemunhas, cento e vinte em número, muitas delas pessoas de crédito e substância em Paris, que fizeram juramento em favor do milagre. Isso foi acompanhado de um solene e sincero apelo ao parlamento, que, no entanto, foi proibido pela autoridade a se imiscuir no caso. Foi, por fim, observado que, quando as pessoas são excitadas por zelo e entusiasmo, não há grau de testemunho humano tão forte que, não possa ser obtido em favor da maior absurdidade. E aqueles que forem tolos o bastante para examinar o caso por esse meio, e buscar falhas particulares no testemunho, serão com certeza confundidos. Deve ser uma impostura miserável, de fato, que não predomina nessa disputa.

Todos que estavam na França naquela época ouviram falar da reputação do mons. Heraut, o *lieutenant de Police*, cuja vigilância, perspicácia, atividade e inteligência considerável eram muito comentadas. Esse magistrado, que pela natureza de seu cargo é quase absoluto, foi investido com poderes plenos no propósito de suprimir ou desacreditar esses milagres, e, com frequência, prendia imediatamente, e examinava as testemunhas e seus temas. Mas nunca conseguiu obter coisa alguma satisfatória contra elas.

No caso da Senhorita Thibaut, cuja evidência era muito interessante, ele enviou o famoso De Sylva para examiná-la. O médico declara que era impossível que ela pudesse ter estado tão doente como foi provado pela testemunha, porque, quando a encontrou, constatou que era impossível que pudesse, em tão pouco tempo, ter se recuperado tão perfeitamente. Ele pensou como uma pessoa sensata, a partir de causas naturais; mas a parte oposta lhe disse que o todo era um milagre, e que sua evidência era a melhor prova disso.

Os molinistas estavam em um triste dilema. Não ousaram afirmar a absoluta insuficiência da evidência humana para provar um milagre. Foram obrigados a dizer que esses milagres foram forjados por feitiçaria e pelo demônio. Mas lhes disseram que esse era o recurso dos judeus antigos.

Nenhum jansenista jamais se embaraçou para explicar a cessação dos milagres quando o cemitério foi fechado pelo decreto do rci. Era o toque do túmulo que produzia esses efeitos extraordinários, e quando ninguém mais pôde se aproximar do túmulo, nenhum efeito pôde ser esperado. Deus, de fato, poderia ter derrubado os muros em um momento, mas Ele é mestre de suas próprias graças e obras, e não nos pertence explicá-las. Ele não derrubou as muralhas de cada cidade como os de Jericó, ao som de trombetas, tampouco, tirou da prisão cada apóstolo, como fez com São Paulo.

Ninguém menos que o Duque de Chatillon, um duque e pariato da França, de *status* e família mais elevados, dá evidências de uma cura milagrosa realizada em um de seus servos, que havia vivido vários anos em sua casa com uma enfermidade visível e palpável.

Concluirei, observando que nenhum clero é mais celebrado por severidade de vida e modos do que o clero secular da França, particularmente os reitores ou curas de Paris, que testificam essas imposturas.

A cultura, gênio e probidade dos cavalheiros e a austeridade das freiras de Port-Royal têm sido muito celebrados na Europa. Todavia, todos deram evidências para um milagre, forjado sobre a sobrinha do famoso Pascal, cuja santidade de vida, assim como a capacidade extraordinária, é bem conhecida. O famoso Racine faz uma descrição desse milagre em sua famosa história de Port-Royal, e a fortalece com todas as provas que uma multidão de freiras, sacerdotes, médicos e pessoas mundanas, todos de indubitável crédito, puderam dar sobre ele. Várias pessoas cultas, particularmente o bispo de Tournay, consideravam esse milagre tão certo que o empregavam na refutação de ateístas e pensadores livres. A rainha-regente da França, que tinha extremo preconceito contra Port-Royal, enviou seu próprio médico para examinar o milagre, que retornou um convertido absoluto. Em suma, a cura sobrenatural era tão incontestável que salvou, por um tempo, aquele monastério da ruína com que fora ameaçado pelos jesuítas. Caso tivesse sido uma trapaça, certamente teria sido detectada por antagonistas tão sagazes e poderosos, e teria precipitado a ruína dos que a tramavam. Nossos sacerdotes, que podem construir um castelo formidável a partir de materiais tão detestáveis, que estrutura prodigiosa teriam erguido a partir dessas e muitas outras circunstâncias que não mencionei! Quantas vezes os nomes de Pascal, Racine, Arnaud, Nicole, teriam ressoado em nossos ouvidos? Mas, se forem sábios, melhor seria adotarem o milagre, como sendo mil vezes mais valioso do que todo o resto de sua coleção. Além disso, pode servir muito ao seu propósito, pois aquele milagre foi realmente realizado pelo toque de uma autêntica punção sagrada do espinho sagrado, que compôs a coroa sagrada, que etc.

25. Lucrécio.

26. Nov. Org., livro II. afo. 29.

27. Luciani συμϖ. η, λαϖιθαι.

28. Luciani *ευνουχος*.

29. Id. & Dio.

30. De um modo geral, penso que pode ser estabelecido como máxima que: onde uma causa é conhecida somente por seus efeitos particulares, deve ser impossível inferir quaisquer novos efeitos dessa causa. Como as qualidades necessárias para produzir esses novos efeitos junto aos primeiros devem ser diferentes, superiores, ou de uma operação mais extensa do que aquelas que simplesmente produziram o efeito, só podemos conhecer a causa. Portanto, jamais podemos ter qualquer razão para supor a existência dessas qualidades. Dizer que os novos efeitos procedem somente de uma continuação da mesma energia, que já é conhecida a partir dos primeiros efeitos, não removerá a dificuldade. Pois, mesmo admitindo que isso ocorra (o que pode raramente ser suposto), a própria continuação e aplicação de uma energia semelhante (pois é impossível que possa ser absolutamente a mesma), veja, essa aplicação de uma energia semelhante, em um período diferente de tempo e espaço, é uma suposição muito arbitrária, e da qual não pode haver quaisquer traços nos efeitos, de que todo nosso conhecimento da causa é originalmente derivado. Se a causa *inferida* for ajustada exatamente (como deve ser) ao efeito conhecido, é impossível que possa possuir quaisquer qualidades das quais efeitos novos ou diferentes possam ser *inferidos*.

31. Esse argumento é extraído do Dr. Berkeley; e, na verdade, a maior parte dos escritos desse autor muito inventivo forma as melhores lições de ceticismo que podemos encontrar seja entre os filósofos antigos ou modernos, incluindo Bayle. Contudo, ele professa em sua página inicial (e indubitavelmente com grande verdade) ter composto seu livro contra os céticos, os ateístas e livres-pensadores. Mas que todos os seus argumentos, ainda que pretendesse o contrário, são, na realidade, meramente céticos, aparece disso: *que não admitem resposta e não produzem convicção*. Seu único efeito é provocar aquela momentânea incredulidade, irresolução e confusão, que é o resultado do ceticismo.

32. Quaisquer discussões que possa haver sobre pontos matemáticos, devemos admitir que há pontos físicos; ou seja, partes da extensão, que não podem ser divididos ou diminuídos, seja pelo olho ou pela imaginação. Essas imagens, portanto, que estão presentes à imaginação ou aos sentidos, são absolutamente indivisíveis, e consequentemente devem ser aceitas pelos matemáticos como sendo infinitamente menores do que qualquer parte real da extensão; e, mesmo assim, nada parece mais certo à razão do que um número infinito delas compor uma extensão infinita. Quanto mais um número infinito dessas partes infinitamente pequenas da extensão, que se supõe ainda serem infinitamente divisíveis.

33. Não me parece ser impossível evitar essas absurdidades e contradições se admitirmos que não há algo como ideias abstratas ou gerais, propriamente falando, mas que todas as ideias gerais são, na realidade, particulares, vinculadas a um termo geral, que lembra, conforme a ocasião, outras particulares, que se assemelham, em certas circunstâncias, à ideia presente à mente. Assim, quando o termo "cavalo" é pronunciado, imediatamente imaginamos a ideia de um animal negro ou branco, de um tamanho ou figura particular. Mas, como esse termo é também usualmente aplica-

do a animais de outras cores, figuras e tamanhos, essas ideias, embora não de fato presentes à imaginação, são facilmente lembradas; e nosso pensamento e conclusão procedem do mesmo modo, como se estivessem de fato presentes. Se isso for admitido (como parece razoável), segue-se daí que todas as ideias de quantidade, sobre as quais os matemáticos refletem, não são senão particulares, e como tais são sugeridas pelos sentidos e pela imaginação, e consequentemente não podem ser infinitamente divisíveis. É suficiente ter excluído essa indicação no presente, sem ir mais adiante. Certamente, interessa a todos os amantes da ciência não se exporem ao ridículo e ao desprezo dos ignorantes com suas conclusões; e essa parece a solução mais disponível dessas dificuldades.

34. Aquela máxima ímpia da filosofia antiga, *Ex nihilo, nihil fit*, pela qual a criação da matéria foi excluída, cessa de ser uma máxima, de acordo com essa filosofia. Não somente a vontade do Ente supremo pode criar a matéria; mas, pelo que sabemos *a priori*, a vontade de qualquer outro ente poderia criá-la, ou qualquer outra causa que a imaginação mais caprichosa possa determinar.

**Vozes de Bolso**

- *Assim falava Zaratustra* – Friedrich Nietzsche
- *O Príncipe* – Nicolau Maquiavel
- *Confissões* – Santo Agostinho
- *Brasil: nunca mais* – Mitra Arquidiocesana de São Paulo
- *A arte da guerra* – Sun Tzu
- *O conceito de angústia* – Søren Aabye Kierkegaard
- *Manifesto do Partido Comunista* – Friedrich Engels e Karl Marx
- *Imitação de Cristo* – Tomás de Kempis
- *O homem à procura de si mesmo* – Rollo May
- *O existencialismo é um humanismo* – Jean-Paul Sartre
- *Além do bem e do mal* – Friedrich Nietzsche
- *O abolicionismo* – Joaquim Nabuco
- *Filoteia* – São Francisco de Sales
- *Jesus Cristo Libertador* – Leonardo Boff
- *A Cidade de Deus – Parte I* – Santo Agostinho
- *A Cidade de Deus – Parte II* – Santo Agostinho
- *O conceito de ironia constantemente referido a Sócrates* – Søren Aabye Kierkegaard
- *Tratado sobre a clemência* – Sêneca
- *O ente e a essência* – Santo Tomás de Aquino
- *Sobre a potencialidade da alma* – De quantitate animae – Santo Agostinho
- *Sobre a vida feliz* – Santo Agostinho
- *Contra os acadêmicos* – Santo Agostinho
- *A Cidade do Sol* – Tommaso Campanella
- *Crepúsculo dos ídolos ou Como se filosofa com o martelo* – Friedrich Nietzsche
- *A essência da filosofia* – Wilhelm Dilthey
- *Elogio da loucura* – Erasmo de Roterdã
- *Utopia* – Thomas Morus
- *Do contrato social* – Jean-Jacques Rousseau
- *Discurso sobre a economia política* – Jean-Jacques Rousseau
- *Vontade de potência* – Friedrich Nietzsche
- *A genealogia da moral* – Friedrich Nietzsche
- *O banquete* – Platão
- *Os pensadores originários* – Anaximandro, Parmênides, Heráclito
- *A arte de ter razão* – Arthur Schopenhauer
- *Discurso sobre o método* – René Descartes
- *Que é isto – A filosofia?* – Martin Heidegger
- *Identidade e diferença* – Martin Heidegger
- *Sobre a mentira* – Santo Agostinho
- *Da arte da guerra* – Nicolau Maquiavel
- *Os direitos do homem* – Thomas Paine
- *Sobre a liberdade* – John Stuart Mill

- *Defensor menor* – Marsílio de Pádua
- *Tratado sobre o regime e o governo da cidade de Florença* – J. Savonarola
- *Primeiros princípios metafísicos da Doutrina do Direito* – Immanuel Kant
- *Carta sobre a tolerância* – John Locke
- *A desobediência civil* – Henry David Thoureau
- *A ideologia alemã* – Karl Marx e Friedrich Engels
- *O conspirador* – Nicolau Maquiavel
- *Discurso de metafísica* – Gottfried Wilhelm Leibniz
- *Segundo tratado sobre o governo civil e outros escritos* – John Locke
- *Miséria da filosofia* – Karl Marx
- *Escritos seletos* – Martinho Lutero
- *Escritos seletos* – João Calvino
- *Que é a literatura?* – Jean-Paul Sartre
- *Dos delitos e das penas* – Cesare Beccaria
- *O anticristo* – Friedrich Nietzsche
- *À paz perpétua* – Immanuel Kant
- *A ética protestante e o espírito do capitalismo* – Max Weber
- *Apologia de Sócrates* – Platão
- *Da república* – Cícero
- *O socialismo humanista* – Che Guevara
- *Da alma* – Aristóteles
- *Heróis e maravilhas* – Jacques Le Goff
- *Breve tratado sobre Deus, o ser humano e sua felicidade* – Baruch de Espinosa
- *Sobre a brevidade da vida & Sobre o ócio* – Sêneca
- *A sujeição das mulheres* – John Stuart Mill
- *Viagem ao Brasil* – Hans Staden
- *Sobre a prudência* – Santo Tomás de Aquino
- *Discurso sobre a origem e os fundamentos da desigualdade entre os homens* – Jean-Jacques Rousseau
- *Cândido, ou o otimismo* – Voltaire
- *Fédon* – Platão
- *Sobre como lidar consigo mesmo* – Arthur Schopenhauer
- *O discurso da servidão ou O contra um* – Étienne de La Boétie
- *Retórica* – Aristóteles
- *Manuscritos econômico-filosóficos* – Karl Marx
- *Sobre a tranquilidade da alma* – Sêneca
- *Uma investigação sobre o entendimento humano* – David Hume
- *Meditações metafísicas* – René Descartes
- *Política* – Aristóteles

Conecte-se conosco:

**f** facebook.com/editoravozes

**◯** @editoravozes

**🐦** @editora_vozes

**▶** youtube.com/editoravozes

**💬** +55 24 99267-9864

## www.vozes.com.br

Conheça nossas lojas:

**www.livrariavozes.com.br**

Belo Horizonte – Brasília – Campinas – Cuiabá – Curitiba
Fortaleza – Juiz de Fora – Petrópolis – Recife – São Paulo

**EDITORA VOZES LTDA.**
**Rua Frei Luís, 100 – Centro – Cep 25689-900 – Petrópolis, RJ**
**Tel.: (24) 2233-9000 – E-mail: vendas@vozes.com.br**